Tomás Campanella

La Ciudad del Sol

(Civitas Solis)

Traducción de
Javier Gálvez S.

IEPI   No.:
ISBN No.: 978-1542501101
Impreso en Ecuador
Primera Edición:

JG

Editorial JG 2016
editorialjg.blogspot.com
club.libreriajg@gmail.com

Índice

Tommaso Campanella (1568-1639)

Giovanni Domenico Campanella nació el 5 de septiembre de 1568 en el histórico y pequeño municipio de Stilo, de origen griego, en Calabria, conocido en todo el mundo por la Cattolica, la preciosa iglesia en estilo bizantino del IX siglo.

No tenemos datos biográficos sobre la infancia de Giovanni Domenico, pero sí sabemos que a los 15 años entró como estudiante en el Convento dominico de San Domingo de Plancanica, a unos diez kilómetros de su ciudad natal. Ingresando en el Convento adoptó el nombre de Tommaso (Tomás) en homenaje al gran filósofo y fraile dominico Tomás de Aquino.

De temperamento fuerte, impetuoso y combativo, Campanella tenía talento, férvida y audaz fantasía intelectual que lo llevó a abordar todas las ciencias. Se creyó predestinado por Dios a la misión providencial de realizar la unidad de todo el mundo, utopía que constituyó la gran fascinación de su vida.

Estudió filosofía y teología en San Giorgio Morgeto y en Nicastro, ambas pequeñas ciudades de Calabria. En este período de formación maduró su pensamiento filosófico y político adoptando las mismas posturas antiaristotélicas y antiespañolas de Telesio (calabrés él también), que admiró mucho.

En 1589, sin contar con la autorización de sus superiores, abandonó el convento y se dirigió hacia Nápoles en compañía de un rabino que lo introcujo en el círculo intelectual de Gian Battista della Porta (1535-1615), un filósofo naturalista tardo-renacimental, investigador, astrónomo y criptólogo, ciencia hacia la cual Campanella se sintió siempre atraído.

Allí, a los 21 años, en 1591, publicó su primera obra, *Philosophia sensibus demonstrata*, una apología de Telesio que, evidentemente, no agradó a la Inquisición. Poco tiempo después fue acusado de herejía y demonismo y procesado por su misma orden al año siguiente. A éste siguieron otras sospechas y acusaciones que desembocaron en otros tres procesos por herejía. Fue arrestado y encarcelado en Tor di Nona, por orden del Santo Uficio por seis años, de 1592 a 1598

Puesto en libertad se retiró en su natal Stilo en el Convento de Santa María de Jesús, anhelando, aparentemente, una vida tranquila dedicada solamente a sus estudios. Pero, su carácter rebelde y orgulloso lo llevó a concebir una conjura para liberar la Calabria de la dominación española. Delatado y arrestado, se abrió en contra de él un proceso político y eclesiástico que fue al mismo tiempo de rebelión y de herejía. Reconocido culpable, en 1602, logró librarse de la pena de muerte fingiendo locura, pero fue condenado a cadena perpetua y recluido en el Castillo de Nápoles.

Durante esta reclusión, destinada a durar veinte y siete años, compuso casi todas sus principales obras (un total de ochenta y dos), entre las cuales una monumental *Teología* y una *Metafísica*, mientras revisó las que había escrito en su primera juventud y reconstruyó las que le había arrebatado la Inquisición.

En 1626, el gobierno español autorizó a la Orden Dominicana pedir la libertad por el prisionero, quizá porque, por oportunidad, Campanella había hipotizado que la monarquía española podía ser el instrumento de la unificación política y religiosa de la entera humanidad. La Orden, comedidamente, pidió al Papa Urbano VIII (Maffeo Barberini, 1568-1644, papa de 1623 a 1644) que otorgara su libertad total, lo que fue dispuesto casi inmediatamente. Al salir del Castillo, que fue su prisión y casa por mitad de su vida, Campanella fue encomendado al Santo Uficio, para que vigilara sobre su actividad.

Salía de la prisión a la edad de 56 años, cansado, pero no por esto su carácter rebelde había sido doblegado. Apenas pudo comenzó a dirigir a la monarquía francesa las mismas esperanzas políticas que anteriormente había otorgado a la corona española. Una nueva conjura fue descubierta en Nápoles, esta vez organizada por un discípulo suyo.

Anticipando la intervención del Santo Uficio y de los gendarmes, el 21 de octubre de 1634, disfrazado de fraile mínimo, Campanella huyó de Nápoles y se refugió en Francia, donde fue recibido con mucho cariño, respeto y consideración.

Protegido y hospedado en el Convento de la Rue Saint-Honoré de París, Tomás se dedicó a la revisión y publicación de sus obras hasta el día de su muerte ocurrida el 21 de mayo del 1639, a la edad de 71 años.

La obra y el pensamiento

Campanella pasó casi la mitad de su vida en la cárcel. En la soledad de su celda tuvo todo el tiempo necesario para escribir la enorme cantidad de tratados que concibió. Entre los más importantes destacan, en orden de publicación, el *De sensu rerum et magia* del 1590, revisada en 1628, en la que expone la doctrina de la animación universal y su gnoseología; el *De monarchia hispanica discursus*, del 1601, un tratado político en el que supone la prioridad de la monarquía española, bajo la autoridad espiritual del Papa, en el concepto utópico de una unificación universal de todos los pueblos; la *Ciudad del Sol*, del 1602, revisada en 1613 y publicada en 1623, escrita en latín con el título de *Civitas solis poetica idea republicae philosophicae*, la obra más significativa de su pensamiento político en la que presenta su república ideal, naturalista y aristocrática, irradiada de un espíritu comunitario (usar el vocabulo comunista para una obra del 1600 parece impropio), donde vige la más amplia comunión de los bienes; el *Monarchia Messiae* del 1605, en la que teoriza una monarquía Universal en la cual el Papa es el soberano supremo, los príncipes sus brazos y donde la humanidad tendrá por fin una vida de paz con un solo rey y un solo pastor; una monumental *Teología*, del 1614; una *Apologia pro Galileo, mathematico florentino*, del 1616, en defensa de Galileo Galilei perseguido por la Inquisición; una *Metafísica*, del 1638, con el título, en latín de *Universalis Philosophiae seu metaphysicarum rerum, partes tres, libri XVIII*, una especie de "Biblia" de la filosofía en 18 tomos.

Al pensamiento de Telesio se inspiró, al menos en el principio de su actividad filosófica, Tomás Campanella, cuyas vicisitudes, en algunos casos, nos recuerdan las de Giordano Bruno. Con la madurez Campanella desarrolló su propio pensamiento en relación a la gnoseología. Mientras para Telesio la fuerza animadora de la naturaleza era objetiva (el calor y el frío), para Campanela era subjetiva, era la consciencia de los propios sentidos, los únicos que nos podían reportar una certeza absoluta de las cosas, la primera de las cuales era que existimos, pensamos, queremos y podemos. Éste principio era prioritario respecto a todo conocimiento externo. Con ello nuestro filósofo reducía todo conocimiento a la sensibilidad.

Campanella fue un visionario y un anticipador. Muchas de sus propuestas fueron retomadas posteriormente por René Descartes e Immanuel Kant. A la manera de San Agustín la existencia de Dios se deducía de su idea en el hombre ya que su perfección no podía ser un producto de la mente humana.

Campanella interpretaba más íntimamente el principio universal de animación de la naturaleza. El mundo natural estaba dominado por una fuerza de atracción que estimulaba todos los cuerpos a buscar el contacto y unirse. En el universo por tanto los seres buscaban una interacción diferente de la teoría atomista, era una atracción espiritual metafísica en la que podía tener un rol hasta el aspecto mágico. Bajo este aspecto la filosofía de Campanella se distanciaba mucho de la de Telesio en la que la magia estaba excluida.

El concepto de la atracción universal de las cosas implicaba el principio de la unidad de la naturaleza. Pues de Dios, siendo absoluta unidad, no podía derivar la multiplicidad, por tanto, la multiplicidad era, para Campanella, una mera ilusión, porque las diferencias entre los seres no era real o metafísica, sino solamente lógica y formal. Cada cosa era concebida como individual, por tanto única, no era la otra.

La teoría del conocimiento de Campanella se distanció de la de Telesio por privilegiar los sentidos por encima de todo otro medio de discernimiento. La gnoseología de Campanella fue más articulada y compleja, y estaba relacionada con la doctrina metafísica de la primacía del ser.

Éste sistema se sustentaba en la filosofía propia de Campanella, que concibió tres principios fundamentales que regían el mundo. El primero era la *potencia*, por medio de la cual podían ser e interactuar; el segundo, la *sapiencia*, que en base al principio de la sensibilidad universal de Campanella, permitía a los entes tener el sentido de sí mismos y conocerse; y el tercero era el *amor*, principio de unificación, atracción y conservación de sí y de la propia especie, instinto reconocido como principio fundamental también por Telesio.

Cada uno de los tres principios fundamentales se explicaba y se entendía sólo considerando su objetivo, que era el sujeto mismo. De tal manera que el principio de la *potencia* de actuar (y de padecer) se entendía sólo en cuanto era potencia relacionada al sujeto que actuaba o padecía. El principio del *amor* se entendía en el sentido que estaba relacionado a al amor para uno mismo (objeto principal del amor) y sólo establecía en base a éste amor conservativo su relación con los objetos externos: el cibo, la luz, el calor y, en general, todo lo que nos agradaba del mundo con el que nos relacionábamos. El principio de la *sapiencia* se entendía, primero que todo, como el conocimiento sensorial de sí, y, en segunda plana, con el conocimiento sensorial de los entes externos. Conocíamos sus modificaciones sólo en cuanto influían sobre nuestros sentidos y sus percepciones. La relación entre el sujeto cognoscente y el objeto cognitivo dependía únicamente del conocimiento de uno mismo.

Estos principios fundamentales coexistían equilibrados en el universo, sin embargo, cada uno de ellos podía asumir un rol preeminente, según las circunstancias. Además, estos principios fundamentales no se encontraban esparcidos por el universo de forma pura, sino impura. Cada uno de ellos llevaba en sí también atributos negativos: la impotencia, la necedad y el odio. Sólo en Dios ellos se encontraban en el estado puro y esta era la característica esencial del Ser Supremo.

Campanella denominaba este conocimiento como *illata* (del latín, conocimiento de hecho) es decir procedente del externo, y lo distinguía del conocimiento *innato*, es decir originario, dependiente de nuestro ser como tal. Sin este conocimiento de sí mismo no era posible, obviamente, el conocimiento del mundo exterior, porque no hubiéramos tenido conciencia de las mutaciones que los objetos externo experimentan, es decir no podíamos tampoco conocer el mundo. El conocimiento implicaba, por tanto, que el sujeto cognoscente, consciente del propio estado, percibía el mundo exterior en constante cambiamiento, y percibía con ello, el pasar del tiempo. El conocimiento, entendido como percepción del cambio constante de la naturaleza, nos hacía también percibir nuestro cambio, como una pérdida continua de parte de uno mismo. Era la percepción de la caducidad de nuesto ser, de nuestra vida, del mundo. Este concepto nos permitía tener acceso a la vida eterna: cuando el objeto de nuestro estudio cognitivo se identificaba con la divinidad, en el objeto cognoscitivo se reconocía la naturaleza divina.

Como vemos, en el mundo de la naturaleza Campanella reconocía lo sagrado. Bajo un punto de vista la naturaleza era un libro sagrado escrito por Dios; por el otro la naturaleza era el mismo templo viviente de la presencia divina. En la naturaleza animada Campanella veía la presencia de Dios, y sobre esta base proponía no solamente una formación religiosa diferente de la ortodoxa, sino también una nueva formación intelectual de los jóvenes.

De esta manera Campanella se ponía en abierta polémica con la educación tradicional, basada sobre los textos de estudio. Declaraba haber aprendido más con la observación y el estudio directo (la *anatomía* la llamaba, para significar el *estudio analítico*) de la naturaleza que a través de los libros. Decía que del estudio de una pequeña hierba o de la observación de las abejas había aprendido más de todos los libros que podía haber leído Pico de la Mirándola, aun estimando y respetando la inmensa cultura del florentino. La naturaleza era un libro abierto, un texto original, mientras los libros no eran nada más que transcripciones sujetas, además, a muchos errores.

Como fue para Platón, también para Campanella la educación de los jóvenes era fundamental, una educación popular, colectivista y práctica. Ella debía basarse sobre la experiencia, el contacto directo con la naturaleza, que educaba, al mismo tiempo que forjaba el intelecto de los estudiantes. Este principio venía repetido, como fundamental, en la *Ciudad del Sol*. La misma ciudad sobre cuyos muros estaba escrita la historia del pasado, se transformaba en un libro abierto.

El *programa pedagógico* era esencial para Campanella. Proponía una enseñanza heroica, para estimular el espíritu de emulación de los jóvenes. El enseñamiento era considerado como una misión dirigida a la renovación del género humano y como medio para erradicar la ignorancia, madre de los tres grandes males del mundo: la *tiranía*, degeneración del poder político hacia el arbitrio humano, cuando éste perdía el contacto con Dios; los *sofismos*, degeneración de la dialéctica hacia el verbalismo que había perdido contacto con la realidad; la *hipocresía*, la degeneración de la fe cuando el hombre había perdido contacto con su interioridad, puente esencial entre lo divino y lo humano. Se contemplaba a Dios observando y estudiando el universo.

Toda su filosofía especulativa orientada hacia una radical renovación (revolucionaria diríamos hoy) de la sociedad estaba el pensamiento político de Campanella destinado a fundamentar su ideal político-religioso: el gobierno de la humanidad bajo la égida del Sumo Pontífice, en quien debía recaer también el poder temporal. Éste ideal venía descrito en su obra más conocida: *La Ciudad del Sol.*

Aunque su deseo era prospectar una humanidad libre y próspera, en realidad vino a establecer una dictadura sacerdotal, justificada por la condición desfalleciente del hombre, y sólo remediable en esa ciudad idílica.

Fue un comunista utópico. Imaginó una sociedad comunista tanto en lo referente al régimen de la propiedad como en la pertenencia de mujeres e hijos, fundamentando su ideal comunista en el mandato de la razón y en las leyes de la naturaleza.

La obra está dispuesta en forma de diálogo. El principal narrador contaba cómo se vio obligado a tocar tierra en la Isla de Taprobana, donde los indígenas lo condujeron a la Ciudad del Sol, ubicada en torno a la cumbre de un monte y rodeada por siete murallas.

La organización política de esta singular República era de carácter teocrático donde se mezclaban los asuntos religiosos y públicos de manera inescindible.

El supremo gobernante era el Sacerdote Hob (el Sol), auxiliado por sus ministros, que eran Pon, Sin y Mor, personificaciones de los tres principios fundamentales antes ilustrados, la *potencia*, la *sapiencia* y el *amor* respectivamente. A Pon competía el manejo de la guerra, a Sin, el de las ciencias y de las artes, a Mor la salud y la reproducción.

En la *Ciudad del Sol* vigía la más estricta comunión de los bienes y la igualdad de derechos y de condición de todos los ciudadanos. Además, para garantizar el mejoramiento genético de la especie, vigía una estricta comunión de las mujeres. Las uniones venían reglamentadas por el poder público, sin dejar algún espacio a las preferencias sentimentales de los individuos.

Los Ciudadanos de esta República filosófica, conocedores de que la propiedad privada engendraba el egoísmo humano e incitaba a los hombres a enfrascarse en crueles luchas, habían convenido en que la propiedad fuera comunitaria. Todos los hombres tenían que trabajar pero los funcionarios eran los que distribuían la riqueza. Hasta los actos más íntimos eran en común en esta ciudad. Un aspecto importante en la sociedad de esta ciudad utópica era específicamente el trabajo, único elemento que diferenciaba los ciudadanos según las actitudes y capacidades de cada individuo.

La utopía de Campanella era sincera: realizar la justicia social y educar los ciudadanos en base a los valores más genuinos y naturales. Sin embargo él no dejó ningún espacio, en ninguna área social, para la autodeterminación individual. Bajo este aspecto la utopía de Campanella se revelaba priva de cualquier fundamento concreto, quedaba como un sueño suspendido entre los deseos irrealizables de quien, encerrado entre las cuatro frías paredes de una celda, imagina un mundo ideal modelado sobre bases ideales, pero sin algún rudimento cabal.

Sobre la presente edición

En 1943 el joven abogado italiano Luigi Firpo (1915-1989) – destinado en edad adulta a recorrer una brillante carrera de historiador, docente universitario y político, además que ser un excelente jugador de bridge de categoría mundial – investigando entre viejos documentos conservados en la Biblioteca Municipal de la ciudad de Trento, descubrió, ocultado en un fondo bibliográfico todavía sin catalogar, el manuscrito más antiguo que se conozca de la Ciudad del Sol de Tommaso (Tomás) Campanella.

Este fondo había pertenecido a quien en vida fue Antonio Mazzetti (1784-1841), literato, bibliófilo y magistrato (fue presidente de la Corte de Apelación del tribunal de Milán) del entonces Estado del Lombardo-Véneto. Muriendo, Mazzetti dispuso en su testamento que toda su colección de libros, manuscritos y grabados fuera donada a la ciudad de Trento. Allá permaneció, sin ser ordenada, hasta cuando Firpo lo descubrió, en plena Segunda Guerra Mundial.

El manuscrito de la Ciudad del Sol consiste en unas treinta hojas, cosidas por un lado, escritas en ambos lados con grafía ordenada, casi sin errores y correcciones; el texto es continuo, sin párrafos. No es firmado, ni hay referencias que puedan conducirnos a su redactor. Estudios sucesivos, realizados en 1980, en ocasión del restauro y catalogación del manuscrito, han establecido que la fecha de su redacción fue el 1602, año en que Campanella fue condenado a cadena perpetua y recluido en el Castillo de Nápoles.

Tomás Campanella era, como hemos ya precisado, un hombre fuerte, tenaz e indomable cuando se trataba de defender sus ideas. Pero era también ordenado, constante y metódico. Características que podemos observar en el aspecto de la pieza conservada en la Biblioteca Municipal de la ciudad de Trento.

Es por tanto aceptable suponer — antes, nos agrada suponerlo — que el manuscritto conservado es realmente obra autógrafa de nuestro filósofo. Imaginamos por tanto que Campanella, una vez solo en su celda, reorganizó sus ideas y, casi de inmediato, realizó el ezbozo (porque de eso se trata) de su obra utópica. El trabajo fue revisado sucesivamente y corregido, hasta la célebre edición, redactada en latín, publicada en Frankfurt en 1623, con el título de *Civitas Solis idea republicae philosophica*.

La edición que aquí ofrecemos al público es la traducción literaria e integral del manuscrito de Trento.

J.G.S.

Tomás Campanella

La Ciudad del Sol

Traducción de
Javier Gálvez S.

La Ciudad del Sol

Diálogo poético

Interlocutores:

Hospitalario y **Genoano**, timonero de Colón

Hospitalario: Dime, por favor, todo lo que ocurrió en esta navegación.

Genoano: Ya te conté cómo di la vuelta al mundo entero y cómo llegué a Taprobana y fui obligado a bajar a tierra, luego, huyendo de la furia de los locales, me oculté en la selva y salí a un gran llano propio por debajo del equinoccial.

Hospitalario: ¿Y allí qué ocurrió?

Genoano: De pronto encontré un gran escuadrón de hombres y mujeres armados; muchos de ellos entendían mi idioma, y me llevaron a la Ciudad del Sol.

Hospitalario: Dime, ¿cómo es esta ciudad? ¿Y cómo se gobierna?

Genoano[1]: En medio del campo surge una loma sobre la cual se encuentra la mayor parte de la ciudad; pero sus calles que dan la vuelta a la loma se extienden por mucho espacio afuera de las raíces del monte, lo que es tanto, que la ciudad tiene más de dos millas de diámetro y alcanza siete millas a la redonda, pero, por encontrarse por las faldas del monte, tiene más casas que si estuviese en un llano.

La ciudad está dividida en siete círculos grandísimos, que llevan el nombre de los siete planetas, y se entra del uno al otro por cuatro calles y cuatro puertas, orientadas hacia los cuatro correspondientes ángulos del mundo; pero está construida de modo tal que, si fuera expugnado el primer círculo, sería más difícil expugnar el segundo, y más aun los siguientes; de tal manera se deberían sudar las clásicas siete camisas para vencerla. Sin embargo, soy de la opinión que ni siquiera el primero se puede ganar, tanto es grande y relleno, y tiene vigilias, torreones, artillería y zanjas por afuera.

Entrando por la puerta norte, con cobertura de hierro que se alza y baja con apreciable ingenio, se ve un espacio de cincuenta pasos entre la primera muralla y la siguiente. Entorno se encuentran los edificios todos unidos a la redonda uno por uno, que aparecen ser todos uno solo; por encima están los revellines sobre columnas, como fueran los claustros de los frailes; en la planta baja no hay

---

[1] Inicia la descripción física de la Ciudad del Sol.

ingresos, sino por la parte cóncava de los edificios. Las habitaciones son bellas con las ventanas distribuidas en las paredes convexas y cóncavas separadas entre ellas con pequeñas paredes. El muro convexo es ancho ocho palmos, el cóncavo tres, los medianos uno o poco más.

Luego se sube al segundo piso, que mide dos o tres pasos menos, de donde se ven las segundas murallas con los los revellines hacia afuera y con veredas; y, por adentro, el otro muro, que cierra los edificios del medio, tiene claustros con columnas y con encima bellas pinturas.

Así se llega hasta el último piso. Sólo cuando se pasan las puertas, que son dobles, por los muros internos y los externos, se sube por gradas tales que no se ve adonde llevan, porque van oblicuamente, y de altura casi invisible por las diferentes escaleras.

En la cumbre del monte hay un gran terrapleno y en el centro un templo de estupendo arte.

Hospitalario: Cuenta, cuenta ahora, ¡por tu vida!

Genoano: El templo es perfectamente redondo y no tiene muralla entorno; está situado sobre columnas gruesas y muy lindas. La cúpula grande tiene en el medio una más pequeña con una abertura que esta encima del altar que es uno sólo en el centro del templo.

La circunferencia de las columnas es de más de trescientos pasos y afuera de las columnas de la cúpula se encuentran, por ocho pasos, los claustros con muros poco elevados sobre las sillas que están en torno al cóncavo del muro exterior, aunque en todas las columnas interiores que, sin el auxilio de otro muro, sostienen todo el templo, no hacen falta muchas otras sillas movibles.

Encima del altar hay sólo un enorme mapamundi donde se está pintado todo el cielo; en otro se encuentra la tierra. En el cielo de la cúpula están todas las estrellas más importantes, con anotados sus nombres y sus virtudes que influyen sobre las cosas terrenas, con tres versos cada una; hay los polos y los círculos dibujados no completamente, porque hace falta el muro por debajo, pero se ven que terminan en correspondencia de los globos del altar. Siempre están prendidas siete lámparas que llevan los nombres de los siete planetas.

Encima del templo se encuentran algunas celdas entorno a la pequeña cúpula y muchas otras sobre los quioscos; allí viven los religiosos, que son cuarenta.

Hay encima de la cúpula una pequeña bandera para indicar la dirección de los vientos, que son treinta y seis; y saben cuando sopla un viento qué clima conlleva. Aquí está también un libro impreso con letras de oro lleno de cosas importantísimas.

Hospitalario: Ahora, por tu fe, dime todo sobre su forma de gobierno, que aquí te esperaba...

Genoano[2]: Un Príncipe sacerdote, que se llama Sol, que en nuestro idioma se llamaría el Metafísico, es el jefe

---

[2] Aquí inicia la descripción de la forma de gobierno de la

de todos, en lo espiritual así como en lo temporal, y todos los asuntos del Estado en él terminan.

Tiene tres Príncipes a su lado: Pon, Sin, Mor, esto es: Potestad, Sapiencia y Amor.

El Potestad se encarga de las guerras, las paces y del arte militar; es jefe supremo en la guerra pero no por encima del Sol; comanda los oficiales, los soldados, las municiones, fortificaciones y expugnaciones.

La Sapiencia cuida todas las ciencias, los doctores y los maestros de las artes liberales y mecánicas; tiene bajo su mando tantos oficiales cuantas son las ciencias; hay el Astrólogo, el Cosmógrafo, el Geómetra, el Lógico, el Retórico, el Gramático, el Médico, el Físico, el Político, el Moral; y tiene un libro sólo, donde están todas las ciencias, que hace leer a todo el pueblo, como usaban los Pitagóricos. Y ha hecho pintar en todas las murallas y los revellines, por adentro y por afuera, todas las ciencias.

En los muros exteriores del templo y en las cortinas, que se bajan cuando se predica para no perder de oír la voz hay cada estrella ordenadamente con tres versos cada una.

En los muros del primer círculo se encuentran todas las figuras matemáticas, más de las que escribieron Euclides y Arquímedes, con su explicación. En las paredes de afuera hay el mapa de toda la tierra, luego los de todas las provincias con sus costumbres y ritos y con los alfabetos ordinarios sobre sus alfabetos.

En la parte interna del segundo círculo hay todas las piedras preciosas y comunes, los minerales, los metales naturales con las explicaciones escritas en dos versos por cada uno. En la parte externa hay todas las especies de lagos, mares y ríos, vinos, aceites y otros licores, sus calidades, orígenes y virtudes; y hay jarras llenas de diferentes licores de cien y tres cientos años, con los cuales se sanan casi todas las enfermedades.

En la parte interna del tercero hay pintadas todas las especies de plantas y hierbas del mundo, así como en cabezas de tierra sobre el revellín y las indicaciones de donde antes se encontraban, y sus virtudes, y lo parecido que tienen con las estrellas, los metales y con los órganos humanos, y su uso en la medicina. Por afuera estaban pintadas todas las especies de peces de ríos, lagos y mares, con sus características, maneras de vivir, procrear y criar, y a qué sirven; y la semejanza que tienen con las cosas celestes, terrestres, del arte y de la naturaleza; así que me sorprendí cuando vi el pez obispo, la cadena, el clavo y la montura, propio como estas cosas las tenemos nosotros. Hay ostras, rizos, espóndilos, y todo cuanto es digno de ser conocido, con admirables obras de pintura con la oportuna descripción escrita.

En la parte interna del cuarto hay pintadas todas las especies de pájaros y sus calidades, dimensiones y costumbres, y la fénix que es venerada por ellos. Por afuera están todas las especies de animales, reptiles, serpientes, dragones, gusanos, insectos, moscas, abejorros, etc., con sus condiciones, venenos y virtudes; y son mucho más de lo que pensamos.

En la parte interna del quinto hay animales perfectamente reproducidos y de tantas especies que nos asombran. Nosotros no conocemos ni la milésima parte de ellos; y, como son grandes, se los han pintado también en el revellín exterior; y ¡cuántas razas de caballos o otras bellas figuras ilustradas doctamente!

En el sexto, por adentro, hay todas las artes mecánicas, y sus inventores, y las diferentes maneras en las que se las usan por todo el mundo. Por afuera hay todos los inventores de las leyes, de las ciencias y de las armas. Encontré Moisés, Osiris, Júpiter, Mercurio, Mahoma y muchos otros; y en un lugar muy honorable estaban Jesucristo y los doce Apóstoles, a los che tienen en gran cuenta; César, Alejandro, Pirro y todos los Romanos; por lo que, admirado por saber cómo sabían esas cosas, me explicaron que ellos conocían los idiomas de todas las naciones, y que para eso enviaban por todo el mundo a sus embajadores y se informaban sobre el bien y el mal de todos, gozando de esto. Me enteré que en la China las armas de fuego y la imprenta fueron inventadas antes que nosotros. Hay maestros que enseñan todo esto; y los chicos, sin molestarse, jugando, se encuentran conociendo todas las ciencias antes que hayan cumplido los diez años.

El Amor cuida la generación, uniendo varones y mujeres de manera que hagan buena raza; y se ríen de nosotros que cuidamos de la raza de los perros y de los caballos, pero descuidamos la nuestra. Cuida la educación, la salud y las especias, la siembra y la cosecha de los frutos, de los cereales, de las mensas y todo lo demás relacionado con el alimento, el vestuario y el coito, y tiene muchos maestros y maestras dedicados a estos artes.

El Metafísico trata todos estos asuntos con ellos, pues sin él no se hace nada, y cada asunto lo discuten juntos ellos cuatro y cuando el Metafísico reclina la cabeza, están todos de acuerdo.

Hospitalario: Ahora háblame de la educación y de su manera de vivir; además si es república, monarquía o un Estado de pocos[3].

Genoano[4]: Esta gente llegó allá de las Indias, eran muy filósofos, y huyeron de la ruina de los Mongoles y de otros depredadores y tiranos; acá resolvieron vivir filosóficamente adoptando el régimen de la comunión de los bienes, aunque la comunión de las mujeres no fuera usada en su tierra de origen; pero aquí ellos la usan, y de esta manera. Todas las cosas son comunes, pero en mano de los oficiales están las despensas, por tanto, no sólo la

---

[3] Es decir una oligarquía.

[4] En éste párrafo se encuentra una de las más controvertidas proposiciones de su utopía: la negación de la familia, origen del egoismo según Campanella.

comida, sino también las ciencias, los honores, las diversiones son comunes, de manera que nadie puede apropiarse de alguna cosa.

Ellos dicen que el sentido de la propiedad nace del tener casa propia, hijos y mujer propia, por lo que nace el egoísmo; pues para sublimar las riquezas en propio favor o dejarlas al propio hijo y agrandar su dignidad, cada uno se convierte en un rapaz público, si no tiene temores, cuando se convierte en un hombre de poder; o es avaro, insidioso e hipócrita si es impotente. Pero, cuando uno pierde el egoísmo, queda sólo la comunión.

Hospitalario: Entonces, nadie querrá trabajar, esperando que otro lo haga, como dice Aristóteles contra Platón.

Genoano: Yo no se, pero te digo que tienen tanto amor para su patria, que es una cosa admirable, más de lo que se dice de los romanos por su abnegación. Y creo que nuestros sacerdotes y monjes, si no tuvieran parientes y amigos o el anhelo de obtener más dignidades, serían más generosos, santos y caritativos con los demás.

Hospitalario: Entonces allá no hay amistad, si no se hacen favores el uno con el otro.

Genoano: Por lo contrario, hay grandísima porque es lindo ver que entre ellos no pueden regalarse cosa alguna, ya que todo lo tienen en común, y todo, además, observan los oficiales, para que nadie tenga más de lo que merece. Pero cuando alguien necesita algo, todos acuden, porque tienen lo que a ese le hace falta. Y al amigo se le reconoce en la guerra, en la enfermedad, en la ciencia, en lo que todos se ayudan y se enseñan algo recíprocamente. Y todos los jóvenes se llaman hermanos, y los que tienen más de 15 años de diferencia, padres, y estos a los que tienen menos de 15, hijos. Además están siempre presentes los oficiales atentos a todas las cosas, para que nadie pueda hacer daño a otro en la hermandad.

Hospitalario: ¿Y cómo?

Genoano: De cada virtud que nosotros poseemos ellos tienen el oficial: hay quien se llama liberalidad, un magnanimidad, un castidad, un fortaleza, un justicia, criminal y civil, un solercia, un verdad, beneficencia, gratitud, misericordia, etc.; y cada uno de estos elige aquel, que desde niño, en las escuelas, manifestó una actitud hacia una de las virtudes. Pero no existiendo entre ellos robos, asesinatos, estupros, incestos, adulterios de los cuales nosotros abundamos, ellos se acusan de ingratitud, malignidad, cuando uno no quiere hacer un favor honesto, de mentira, que aborrecen más que la peste; y estos reos, por pena, vienen privados de la mensa común, del comercio de las mujeres, o de algunos honores, según el criterio del juez, para enmendarlos.

Hospitalario: Ahora dime: ¿cómo se eligen los oficiales?

Genoano[5]: Esto no te lo puedo explicar, si no conoces cómo viven en esta ciudad. Primero que todo tienes que saber que hombres y mujeres visten de manera de estar listos para la guerra, aunque en las mujeres la veste llega bajo la rodilla y en los hombres por encima. Ambos se entrenan en todas las artes. Después del tercer año de vida los niños aprenden el alfabeto y su idioma escrito en los muros, caminando por filas de cuatro; después les guían y les enseñan, les hacen jugar y correr para reforzarlos, siempre descalzos y despeinados, hasta los siete años. Luego los conducen en los talleres de las artes; sastres, pintores, orfebres, etc., y observan sus inclinaciones.

Después de los siete años van a lecciones de ciencias naturales, todos. Hay cuatro lectores en la misma lección, y en cuatro horas se despachan cuatros escuadras, porque mientras unos se ejercitan con el cuerpo, otros hacen servicios públicos y otros están en clases. Luego, todos se dedican a las matemáticas, a la medicina o otras ciencias, y hay continua disputa y competición entre ellos; y se convierten en oficiales aquellos estudiantes que han obtenido los mejores resultados, quien en las ciencias, quien en la mecánica, porque cada una de ellas tiene su jefe. Y en el campo, en los trabajos, en los pastos y cuidado de los animales también van para aprender; y viene tenido en gran consideración aquel que más aprende y mejor hace. Por lo tanto se ríen de nosotros que consideramos innobles a los artesanos, y creemos nobles a aquellos que no aprenden ningún arte y viven ociosos e

---

[5] La elección de los oficiales en la Ciudad del Sol.

igualmente mantienen en el ocio y lujuria a tantos servidores, con gran ruina de la república.

Luego, los oficiales se eligen entres esos cuatro jefes y por los maestros de esas artes, pues ellos saben muy bien quien es más apto para ese arte o virtud que deberá regir y los proponen al Consejo, y cada uno ilustra cuanto sabe de ellos. Pero, no puede ser Sol sino aquel que sabe todas las historias de los pueblos, sus ritos, sacrificios, las repúblicas, y los inventores de leyes y artes. Además es necesario que sepa todas las artes mecánicas porque cada dos días se aprende una nueva, y con la práctica se aprenden todas, y, finalmente, la pintura, hasta que todas las ciencias sepa, matemáticas, físicas, astrológicas. De los idiomas no se cuida porque hay intérpretes, que sos sus gramáticos. Pero más que todo es necesario que sea Metafísico y Teólogo, que conozca bien el origen y prueba de toda arte y ciencia, las similitudes y diferencias de las cosas, la Necesidad, el Destino y el Armonía del mundo, el Poder, Sapiencia y Amor divino y de cada cosa, los grados de las entidades y sus correspondencias con las cosas celestes, terrestres y marinas, y estudia muy detenidamente los Profetas y la astrología. Por tanto se sabe quién ha de ser Sol, y si no pasa los treinta y cinco años de edad no llega a tal grado; este oficio es perpetuo, si no se encuentra a quien sepa más que él y sea más apto al gobierno.

Hospitalario: ¿Y quién puede llegar a saber tanto? Antes, creo que no puede saber gobernar quien atiende a las ciencias.

Genoano: Yo le dije esto, y ellos me respondieron: "Estamos más seguros, nosotros, que un gran literato sepa gobernar, que ustedes que sublimáis a los ignorantes, pensando que estén capacitados para ello sólo por haber nacido señores, o elegidos por la facción potente. Pero aunque nuestro Sol no sea bien visto en el gobierno, jamás será cruel, ni irresponsable, quien sabe jamás será tirano. Sin embargo, sepan que este argumento puede ser utilizado en contra de ustedes, que piensan que sea sabio quien sabe más sobre gramática y lógica de Aristóteles o de éste u otro autor; donde sirve sólo una memoria servil, el hombre se hace inerte, porque no contempla la naturaleza sino sólo los libros, y empobrece el alma en esas cosas muertas; ni sabe cómo Dios gobierne las cosas, y las leyes de la naturaleza y de las naciones. Esto no puede suceder a nuestro Sol, porque no puede alcanzar tanta ciencia quien no está listo con el ingenio a toda cosa, por tanto está siempre muy activo en el gobierno. Nosotros sabemos bien que quien sabe sólo una ciencia no conoce bien ni esa ni las otras; y aquel que es apto para una sola, estudiada en un libro, es incapaz y torpe. Pero esto no sucede a los listos de ingenio y fáciles para todo conocimiento, como es necesario que sea el Sol. Y en nuestra ciudad se aprenden las ciencias con una facilidad tal que, como tu ves, en más de un año aquí se aprende más que en diez o quince donde ustedes, mira a estos jóvenes."

Yo quedé confundido por su razonamiento y la prueba ofrecida por esos jovencitos que entendían mi lengua; y de cada lengua siempre deben ser en tres que la sepan. Y entre ellos no existe el ocio[6] vacío, sino aquel que los hace doctos; luego van al campo a correr, a lanzar dardos, disparar arcabuces, perseguir las fieras, trabajar, conocer las plantas, algunos algunas, otros otras.

Los tres Príncipes deben conocer solamente esas artes que a ellos pertenecen. Pero conocen, por aprenderlas en sus términos generales, todas las artes comunes a los demás, luego las propias, por lo que algunos saben más de sus oficios que otros; así el Potestad sabrá del arte caballeresco, fabricar todo tipo de armas, los asuntos de guerra, máquinas, arte militar, etc. Todos los oficiales deben ser filósofos y, además, historiadores, naturalistas y humanistas.

Hospitalario: Me gustaría que me explicaras todos los oficios, distinguiéndolos; y, si será necesario, la educación común.

Genoano: Primero que todo las casas son comunes, las habitaciones, los dormitorios, las camas y los servicios comunes; pero cada seis meses los magistrados indican quien debe dormir en este o en otro círculo, y si en la

---

[6] El ocio filosófico consiste en la contemplación y no en la vacuidad.

primera o en la segunda habitación, distinguida alfabéticamente. Luego, son comunes a hombres y mujeres las artes especulativas y mecánicas; con esta distinción: aquellas en las que se necesita más esfuerzo y viaje las hacen los hombres, como, por ejemplo, arar, sembrar, recoger frutos, pacer las ovejas, trabajar en el huerto, vendimiar. Mientras en la producción del queso y el ordeño de las vacas mandan las mujeres, así como ellas trabajan los huertos cercanos a la ciudad recogiendo hierbas y desempeñando servicios fáciles.

Generalmente las artes que se hacen sentadas o de pie son de las mujeres, como, por ejemplo, tejer, coser, cortar pelo o afeitar, preparar drogas, confeccionar vestidos; excluyendo el arte del herrero o fabricar armas. No se veda, a quien tenga talento, pintar. La música es sólo para las mujeres, porque saben deleitar más, así como de los niños, pero no sonar trompetas y tambores. Preparan también la comida, y preparan la mesa; pero servir a la mesa es actividad propia de los jóvenes hasta cuando cumplan veinte años.

En cada círculo se encuentran las cocinas públicas y las dispensas. En las oficinas del piso superior un anciano y una anciana mandan y tienen el poder de castigar o hacer fustigar por otros a los perezosos y desobedientes, y toman nota de cada uno en qué ejercicio resulta más diestro. Toda la juventud sirve a los mayores que superan los cuarenta años; el maestro o la maestra cuidan, la noche cuando van a dormir, o en la mañana, de asignar los turnos de los servicios a quienes toca, uno o dos por cada habitación; mientras los mismos jóvenes se sirven entre ellos, y quien se rehúsa, ¡pobre de él! Hay mensas primeras y segundas; en las primeras están los hombres y en las segundas las mujeres, y toman asiento como en los refectorios de los frailes. Se come en silencio, mientras uno lee un libro cantando, y a menudo el oficial comenta algún paso de la lección. ¡Que linda cosa ver servir solícitamente a la mesa tanta bella juventud, vestida sencillamente, y ver sentados uno al lado del otro, tantos amigos, frailes, hijos y madres, con tanto respeto y amor.

Se sirve a cada uno, según su dieta, un plato de menestra y el plato fuerte, fruta y queso; los médicos comunican a los cocineros qué comida es oportuna para ese día, cuál a los ancianos, cuál a los jóvenes y cuál a los enfermos. Los oficiales tienen una ración más abundante y ellos a menudo obsequian una parte de ella a los alumnos que en las lecciones de la mañana se han distinguido en las ciencias o en las armas, y esta atención viene considerada un grande honor y favor. En las fiestas se canta hasta en la mesa[7]; y, como todos sirven, a nadie falta nada. Los viejos sabios supervisan a la cocina y a los refectorios, y cuidan con mucha atención a la limpieza de las calles, de las habitaciones, de los vasos, de los vestidos y de la higiene personal.

---

[7] Cantar en la mesa venía considerada una gran maleducación. Un antiguo proverbio italiano rezaba: ¡quien canta en la mesa y en la cama es un loco perfecto!

Visten poniendo por debajo del vestido, que es chaleco y pantalón al mismo tiempo, sin dobladuras, una camisa blanca de lino; la veste tiene una apertura por un lado y por debajo, y usa botones. Las medias descienden hasta los talones; por encima se ponen unos grandes peales y, finalmente, por encima, los zapatos. Estas vestes son tan ajustadas que, cuando se desvisten, se distinguen las formas del cuerpo. Se cambian de veste cuatro veces al año, cuando el Sol entra en Cáncer, Capricornio, Aries y Libra. El Médico establece la talla de la veste según la prosperidad y procacidad de las personas y según el Vestuario de cada círculo. Y es admirable cosa admirar cómo todos disponen de cuantas vestes quieran, grandes, sutiles, o según el clima. Visten todos de blanco y cada mes se lavan la ropa individual con jabón, y en lavandería común las vestes de tela.

Todos los sótanos son oficinas, cocinas, silos, closets, dispensas, refectorios, lavaderos; pero los ciudadanos se lavan en las piletas de los claustros. El agua se echa por las alcantarillas o por los canales que confluyen hacia ellas. En todas las plazas de los círculos hay sus piletas, y sacan las aguas del fondo sólo moviendo un palo y regándola por los canales. Hay agua que surge de los manantiales y otra mucha en las cisternas donde confluyen las aguas lluvias bajando de las canaletas de las casas, a través de acueductos. Los ciudadanos se lavan a menudo, según ordenen el maestro y el médico. Las artes se ejercen por debajo de los claustros, y las especulativas por arriba, donde están las pinturas, y en el templo se leen.

Afuera de los atrios, en todos los círculos, hay relojes solares con sonido, además que banderas para identificar los vientos.

Hospitalario: Ahora dime de la procreación.

Genoano: Ninguna mujer se une a un hombre si no ha cumplido los diez y nueve años, ni el hombre se involucra en la procreación antes de los veintiuno, o más si es de complexión fría. Antes de esta edad está permitido tener relaciones sexuales con mujeres estériles o preñadas, para que no ocurran embarazos ilícitos; las maestras matronas cuidan proveer a los deseos de los señores mayores, cuando se confiesan a ellas, en secreto, aquellos que más son molestados por Venus. Les proveen, pero no lo hacen sin haber informado al maestre mayor, que es un gran médico, y obedece a Amor, príncipe oficial. Si vienen descubiertos en sodomía, son vituperados, y les obligan a llevar por dos días un zapato, que tiene el significado que han subvertido el orden natural y han puesto los pies en la cabeza; si vienen descubiertos una segunda vez la pena aumenta, hasta que puede convertirse en capital. Sin embargo, quien se abstiene del coito hasta los veinte y un años viene celebrado con honores y canciones. Y como se ejercitan en el gimnasio, desnudos, como los antiguos griegos, varones y mujeres, los maestros reconocen a aquellos que están listos para el coito y cuáles varones son más aptos para cada mujer. Y así, una vez bien bañados y lavados, se dedican al coito cada tres noches; y se emparejan sólo mujeres altas y hermosas con hombres fuertes y virtuosos, y las gordas con los flacos, como los gordos con las flacas, para templar la raza. La tarde los menores preparan las alcobas, luego van a dormir, según ordenen el maestro y la maestra. Tampoco se dedican al sexo sino después de haber digerido, y antes oran; y en el tálamo hay bellas estatuas de hombres ilustres a las que las mujeres miran. Luego van a la ventana y dedican oraciones a Dios en el cielo para que les conceda una buena progenie.

Duermen en dos celdas separadas hasta la hora establecida para la unión; es entonces que va la maestra y abre la puerta de la una y la otra celda. Es la hora determinada por el Astrólogo y el Médico, los cuales se preocupan siempre de establecer el momento justo en que Mercurio y Venus estén situados por el Sol en casa benigna y que Júpiter, Saturno y Marte los estén observando con buena predisposición. Y así Sol y Luna que a menudo son opuestos. Por lo más prefieren Virgo en ascendente, pero mucho cuidan que Saturno y Marte no estén en ángulo, porque los cuatro ángulos con oposiciones y cuadrados afectan, y de esos ángulos surgen las raíces de la virtud vital y de la suerte, dependientes de la armonía del todo con las partes. No se preocupan de la posición de nuestro satélite, la Luna, sino sólo de los aspectos positivos. Su posición tiene importancia sólo en la fundación de la ciudad y de la promulgación de las leyes, con tal que no tengan contrarios a Marte y Saturno sino sólo con buenas disposiciones. Consideran pecado de los genitores no encontrarse puros en los tres días anteriores a la unión, o haber cometido actos impuros o no haber cumplido con las devociones hacia el Creador. Los otros, aquellos que por placer o por necesidad se dedican al coito con mujeres estériles, o preñadas, o con mujeres de poco valor, no observan estos convenios. Los oficiales, que son todos sacerdotes, y los sabios, no se dedican a la procreación si no observan por muchos más días estas disposiciones por la razón que ellos, dedicados por mucho tiempo a la especulación filosófica, tienen un espíritu animal débil y no transmiten a la herencia el valor de su cabeza, porque están siempre pensando en otra cosa, razón por la cual generan una raza débil. Por esto se cuida que estos pensadores se unan con mujeres bellas, fuertes y vivaces; así como hombres caprichosos y fantasiosos deben unirse con mujeres gordas, templadas y de débiles costumbres. Y dicen que la pureza del amplexo, de donde frutan las virtudes, no se puede aprender por arte, y que difícilmente, sin una disposición natural, puede surgir la virtud moral, y que los hombres de mala naturaleza, por temor de la ley están llevados a portarse bien y, faltando esta actitud, destruyen la república con actitudes manifiestas o secretas. Por esta razón todo el estudio principal debe ser concentrado en la procreación, observando los métodos naturales y no las dotes o la falaz nobleza.

Si algunas de estas mujeres no viene fecundada por un varón viene emparejada con otros y si resulta estéril se convierte en común, pero no puede participar con otras en el Consejo de la Procreación, ni en la mensa ni en el templo; y esto lo establecen para que ella no busque la esterilidad para dedicarse a la lujuria.

Aquellas que han concebido, por quince días no practican ejercicios físicos, luego hacen entrenamientos livianos para reforzar el feto y abrir los fluidos de la nutrición. Luego del parto crían sus hijos en comunidad, lactándolos por dos años, o tal vez más, según las instrucciones del Físico. Una vez destetados se donan los hijos a las maestras, si son hembras, o a los maestros. Con los otros niños aprenden el alfabeto, caminan, corren, luchan, y aprenden la historia ilustrada. Visten prendas de varios y bellos colores. A los siete años se dedican a las ciencias naturales, luego al arte, según las instrucciones de los oficiales y, finalmente, se dedican a la mecánica. Pero los hijos perezosos se mandan al campo y, cuando demuestran haber hecho progresos, se los reconducen a la ciudad. Y, como ocurre, habiendo los jóvenes contemporáneos nacido bajo la misma constelación, tienen virtudes, parecido y actitudes similares; y esta concordancia da estabilidad a la república, mientras, entre ellos, se aman profundamente y se ayudan el uno cn el otro.

Los nombres no se imponen por a caso, sino por el Metafísico, según la propiedad, como usaban los romanos;

por tanto, algunos se llaman el bello, otros el narizón, otros el patón, otros el torvo, el crasípedo, flaco, etcétera; pero, cuando, creciendo, se convierten en diestros en un arte o cumplen gestas heroicas en la guerra, se les agrega el apellido del arte, como por ejemplo: Pintor Magno, Áureo, Excelente, Gallardo, etcétera; o, por la gesta, se llamará Craso Fuerte, Astuto, Vencedor, Máximo, etc.; o, del enemigo vencido, se podrá apellidar Africano, Asiático, Tosco, etc.; Manfredi o Tortelio, por haber superado a un Manfredo o un Tortelio u otros similares; y estos apellidos vienen atribuidos por los oficiales mayores, conformemente con el arte o el acto, con grandes aplausos y música. Y se anhelan tanto estos aplausos, porque oro y plata no se estiman, así como se aspiran vasos y atuendos que son comunes a todos.

Hospitalario: ¿No hay celos entre ellos o dolor de quien no haya sido generador o quien lo deseara?

Genoano: No señor, porque a nadie hace falta, en cuanto a sus gustos, lo necesario; y la procreación viene observada religiosamente para el bien público, no el personal, y es necesario estar a las órdenes de los oficiales. Platón decía que se debían engañar a los que pretendían tener bellas mujeres sin merecerlo, y guiar diestramente la suerte, según el mérito; mientras aquí no es necesario recurrir al engaño para asignar a los feos las feas, porque entre ellos no existe diferencia; pues estas mujeres, con el ejercicio físico, hacen fuertes y grandes sus miembros y de color vivo; y en la gallardía, viveza y grandeza consiste la belleza en la Ciudad del Sol. Pero es prohibido, so pena de muerte, maquillarse la cara, usar tacos, vestidos largos para cubrir los pies de madera; sin embargo, aun queriéndolas, estas comodidades no existen en la Ciudad. Dicen además, criticando nuestras costumbres, que este abuso nos viene por el ocio de las mujeres, que las hace pálidas, débiles y pequeñas; y por esta razón necesitan colores, zapatos altos, y hacerse bellas por ternura, y así dañan el propio físico y el de la prole. Además, si uno se enamora de una mujer, les es permitido hablar, recitar poesías, bromear, ofrecerse flores o plantas. Pero, si van más allá, dañando la procreación, no se les va más a permitir el coito, sino sólo cuando ella sea embarazada o estéril. En condiciones normales les es permitido sólo el amor de amistad, y no de calor ardiente.

Los bienes materiales no constituyen un atractivo, porque cada uno tiene lo que necesita, a no ser que sea para celebrar un honor. En este caso la república otorga premios a héroes o heroínas, en banquetes o en fiestas públicas, que consisten en coronas de flores o vestes bellas y decoradas; aunque todos, en el día, visten de blanco en la ciudad, y de noche, en la ciudad o afuera de ella, visten de rojo, de seda o lana. Detestan el color negro, como la peor de las cosas, por esta razón odian a los japoneses, que lo aman. La soberbia es considerada un gran pecado y se castiga a quien comete un acto de soberbia dela misma manera en que él lo cometió[8]. Razón por la cual nadie

---

[8] Por cierto Campanella conocía la Divina Comedia de Dante

considera humillante servir a la mesa, en la cocina o donde sea, sino lo consideran aprender; y dicen que es tan honorable para el pié caminar, como para el ojo ver; por tanto quien es diputado a algún oficio, lo desempeña como cosa honradísima, y no tienen esclavos, porque son autosuficientes, antes, sobreabundan. Pero donde nosotros no es así, porque en Nápoles hay tres cientos mil habitantes, y trabajan sólo cincuenta mil; y, mientras estos fatigan u sufren, los ociosos se pierden no sólo por el ocio, sino también por avaricia, lujuria y usura; y les gusta tener a mucha gente en esclavitud y pobreza, o haciéndolos partícipes de sus vicios, por lo cual hace falta el servicio público, y no se puede trabajar el campo, la milicia o el arte, sino mal, y con esfuerzo. Mientras ellos, repartiéndose el trabajo, las artes y los esfuerzos entre todos, trabajan sólo cuatro horas al día cada uno, pudiendo dedicarse por el resto del día a aprender jugando, discutiendo, leyendo, enseñando, caminando, siempre con gozo. Y no se practican juegos que se hacen sentados, como ajedrez, dados, barajas o similares, sino la pelota, el balón, la rueda, la lucha, o lanzar jabalinas, flechas, arcabuces.

Dicen además que la pobreza convierte a los hombres en cobardes, astutos, ladrones, insidiosos, forajidos, mentirosos y falsos testimonios; y las riquezas en insolentes, soberbios, ignorantes, traicioneros, sin amor

---

Alighieri. En el Infierno Dante castiga a los soberbios según la ley del contra-paso, es decir contra-padecer el mismo pecado.

y presumidos de lo que no saben. Mientras la comunidad a todos hace ricos y pobres al mismo tiempo: ricos, porque todo tienen y todo poseen; pobres, porque no bajan a servir a las cosas, sino que toda cosa sirve a ellos. Y se alaban mucho en este clima, a la cristiandad y la vida de los Apóstoles.

Hospitalario: Esta cosa me parece bella y santa. Pero eso de las mujeres en comunión me parece duro y osado. San Clemente Romano dice que las mujeres pueden ser en común, pero la glosa se refiere sólo al mutuo obsequio, no a la cama, y Tertulián confirma la glosa: pues los antiguos cristianos todo tenían en común, menos que las mujeres, pero estas fueron en común sólo con lo referente al mutuo obsequio.

Genoano: Yo no se de esto, pero se bien ellos tienen en común sea el obsequio que la cama, pero no siempre, sino sólo para procrear. Sin embargo creo que ellos puedan engañarse, pero se defienden con Sócrates, Catón, Platón y otros. Podría suceder que un día abandonen esta usanza, pues en las ciudades a ellos sometidas no se tiene en común más que los bienes, y las mujeres en cuanto al obsequio y las artes, pero no en la alcoba; y esto lo atribuyen a la imperfección de los ciudadanos de aquellas ciudades, porque no se han dedicado a la filosofía. Pero van observando las costumbres de todas las naciones, y siempre mejoran; y, cuando aprenderán las razones vivas del cristianismo, comprobadas por los milagros, consentirán, porque son muy dóciles. Por el momento viven naturalmente, sin la fe revelada; más de esto no pueden.

En la Ciudad del Sol, además, esto es lindo: no hay defecto que rinda al hombre vago, a no ser con la edad muy avanzada, cuando de ellos sirven sólo los consejos. Quien es cojo sirve a las centinelas con la vista; quien es ciego ayuda a cardar la lana y separar el pelo de las plumas para los colchones; quien no tiene las manos sirve para algún otro servicio; los que tienen un solo miembro sirve en los pueblos, donde son tratados bien y son espías que avisan a la república de toda cosa.

Hospitalario: Dime ahora de la guerra; luego me dirás de las artes, de la comida, de las ciencias y, finalmente, de la religión.

Genoano: El Poder tiene a sus órdenes un oficial de las armas, otro de la artillería, otro de la caballería, y otro de la ingeniería; cada uno de estos, a su vez, tiene a sus órdenes muchos maestros de ese arte. Aparte hay los atletas que enseñan a todos el ejercicio de la guerra. Estos son los maduros y sabios capitanes que adiestran los jóvenes en el uso de las armas; mientras en la lucha, lanzar piedras, y correr son adiestrados por los maestros inferiores. Estos enseñan a herir, a vencer al enemigo con astucia, a esgrimir, a lanzar jabalinas, lanzar flechas, cabalgar, perseguir, huir, y saber estar en el orden militar. También las mujeres aprendes estas artes bajo la guía de sus maestras, por si fuese necesario ayudar a los hombres en caso de guerras cercanas a la ciudad; y en caso de asalto, defienden los muros. Por lo cual saben bien disparar con el arcabuz, preparar los proyectiles, lanzar piedras, y atacar. Y alejan de ellas todo temor, mientras reciben severos castigos aquellas que muestren cobardía. No temen la muerte, porque todos creen en la inmortalidad del alma y que, muriendo, se acompañarán con espíritus buenos o malos, según sus méritos. Aunque hayan sido brahmanes o pitagóricos no creen en la transmigración de las almas, no fuese por decisión de Dios. Y no se abstienen del herir al enemigo contrario a la razón[9], porque no merece ser hombre.

Pasan revista cada dos meses, y cada día se ejercen con las armas, sea en campaña, cabalgando, o adentro de la ciudad, cuando asisten a una lección, y siempre leen las historias de Julio César, de Alejandro, de Escipión, y de Aníbal; luego, cada uno expresa su juicio, diciendo: "Aquí hicieron bien, acá mal"; finalmente el maestro responde a las preguntas y precisa.

Hospitalario: ¿Con quién hacen las guerras, si son tan felices?

Genoano: Aunque no tengan guerras, igualmente se ejercitan en el arte de la guerra y de la cacería para no vaguear y estar preparados para todo lo que podría suceder. Además, hay cuatro reinos en la isla que tienen gran envidia de la felicidad de la Ciudad, porque a sus

---

[9] Campanella quiere decir en este caso "enemigo de nuestra religión".

ciudadanos les gustaría vivir como estos Solares, y preferirían ser súbditos de estos en lugar de obedecer a sus reyes. Por este motivo de repente esos reyes les mueven guerra, con el pretexto que los Solares violan los confines y viven impíamente obedeciendo a sus supersticiones y a las de los brahmanes; y de repente hacen guerra como rebeldes los que antes estaban sometidos a los Solares. Y, con todo, pierden siempre. Ahora, cuando los Solares sufren un robo, insulto u otro deshonor, o sus amigos sufren alguna amenaza, o sean llamados como libertadores por otra ciudad bajo una tiranía, se reúnen a consejo y, primero, se arrodillan y ruegan a Dios que les asista para bien decidir, luego se examina en el mérito el asunto y, finalmente, se declara la guerra. Envían donde los enemigos un sacerdote, llamado el Forense: éste les ordena que devuelvan lo robado y abandonen la tiranía; si los otros se niegan les declaran guerra, llamando al Dios de la venganza como testimonio en contra de quien ha mal actuado; y si los oponentes siguen resistiéndose, si es un rey, le dan tiempo no más de una hora, y si es república tres horas para dar una respuesta; todo esto para no ser burlados. Como última medida, si los opositores se resisten a la razón, se emprende la guerra. Una vez comenzada la guerra, todo el poder lo tiene el lugarteniente del Poder, y este actúa autónomamente sin consejo alguno; pero cuando hay asuntos mayores, pide consejo a Amor, Sabiduría y al Sol. Se reúne el Gran Consejo, donde participan todos los ciudadanos, incluyendo las mujeres, mayores de veinte años; el

Predicador ilustra las razones del conflicto y la justicia de la causa, así viene aprobada la causa.

Debes saber que ellos tienen todos los tipos de armas bien ordenadas en los aparadores, y a menudo las prueban en guerras simuladas. Los artilleros tienen listos en los muros externos de todos los círculos, las artillerías y muchos otros cañones de campaña que llevan a la guerra; y las tienen también de madera, además que de metal; y las cargan sobre carros, mientras las municiones y el bagaje los cargan sobre mulas. En caso de batalla en campo abierto disponen el equipaje en medio de la artillería y combaten por más que puedan, luego fingiendo una retirada. El enemigo, creyendo haber ganado, se engaña: porque ellos se abren en ala, toman aliento y disparan con la artillería, luego vuelven a la lucha contra los enemigos fugitivos. Constituyen con gran rapidez sus campamentos a la romana, con empalizadas y fosos en torno. Hay maestros de equipajes, artillerías y obras. Todos saben manejar el azadón y el hacha. Hay cinco, ocho o diez capitanes del consejo de guerra y estrategias que mandan los escuadrones según cuanto establecieron juntos en el consejo. Suelen también llevar una escuadra de jóvenes a caballo para aprender el arte de la guerra, para acostumbrarse, como los pequeños lobos, a la sangre; si hay peligro se retiran, mientras las mujeres y los jovencitos dispensan caricias a los guerreros, los curan, los sirven, los abrazan y consuelan; mientras ellos, para mostrarse valientes ante sus mujeres e hijos, dan pruebas de gran impavidez. En los asaltos, quien sube por primero el muro adversario recibe luego una corona de gramínea y el aplauso militar de mujeres y jóvenes. Quien socorre a un compañero recibe la corona cívica de roble; quien mata al tirano recibe los despojos, los lleva al templo y dona al Sol el nombre de la empresa.

Los jinetes usan una lanza, dos pistolas de carga delantera, muy efectivas, estrechas en punta, que traspasan toda armadura, y tienen también una espada. Otros llevan un mazo, son los hombres de armas, porque si no pueden perforar una armadura enemiga de hierro con la espada o la pistola, siempre asaltan al enemigo con el mazo, como Aquiles con Cisno, y le quiebran la armadura y lo derriban. El mazo tiene dos cadenas en la punta, a las cuales están colgadas dos bolas que, girando, rodean el cuello del enemigo, le aprietan, halan y derriban; y, para poderla manejar, no tienen las riendas con la mano, sino con los pies cruzada en la montura, y anudada a la extremidad de los estribos, no a los pies, para no tener estorbos; y los estribos tienen en la parte exterior la esfera y adentro un triángulo, por lo cual el pie, torcido, las hacen voltear, porque están sujetadas a las estriberas, de tal manera que las pueden halar o sueltan el freno con gran agilidad, mientras que con la derecha pueden dirigir el caballo hacia la derecha o a la izquierda. Este secreto ni los Tártaros lo han aprendido, porque no saben guiar el caballo con los estribos. La caballería ligera inicia con los arcabuces, luego entran otros con lanzas y hondas, que tienen en gran cuenta. Saben combatir por líneas cruzadas, avanzando algunos, otros retirándose; a las espadas se recurre por último.

Saben celebrar los triunfos como los romanos, hasta más suntuosos, y dirigen a Dios preces de agradecimiento. Luego se presenta al templo el capitán y un poeta, o el historiador, que le siguió, y narran sus gestas heroicas. El Príncipe lo corona y a todos los soldados les hace algún regalo para honrarlos; a estos se les exime por muchos días de hacer servicios públicos. Sin embargo, ellos lo aceptan de mala gana, porque no les gusta estar inactivos y entonces ayudan al próximo. Por lo contrario, aquellos que, por su culpa, han perdido, vienen recibidos con vituperios y quien huyó por primero no podrá escaparse de la muerte, a no ser que todo el ejército pida la gracia por su vida; pero en este caso a cada uno se le conminará una parte de la pena. Esta indulgencia, pero, raramente se admite, si no viene justificada con muy buenas razones. Quien no ayudó al amigo, o cometió una cobardía, viene fustigado; quien no obedeció a las órdenes, se le encierra en una jaula llena de animales feroces con sólo un bastón, y si vence a los leones y a los osos, lo que es casi imposible, viene indultado.

Las ciudades vencidas o que se han rendido ponen todas sus cosas en común, y reciben a los oficiales y las guardias, mientras van siempre más adaptándose a las costumbres de la Ciudad del Sol, su maestra; y mandan a sus hijos a estudiar en ella, exentos de todo costo.

Sería bien largo contarte del maestro de las espías y centinelas, de los órdenes que se le imparten adentro y afuera de la ciudad, que te los puedes bien imaginar, ya que son elegidos desde niños según sus inclinaciones estudiando las constelaciones en sus progenituras. Por esta razón cada uno, actuando según su natural característica, hace bien lo que debe hacer, porque le resulta natural; lo mismo digo de las estrategias y otras actividades. La ciudad mantiene centinelas días y noches en las cuatro puertas, en los muros externos, sobre las torres, los atrincheramientos; en los círculos internos vigilan las mujeres de día, y de noche los varones; y esto lo hacen para que nadie se abandone al ocio, además que por necesidad. Las vigilias, como entre nuestros soldados, son en turnos de tres oras; al caer la noche cada quien ocupa su puesto de vigilia.

Suelen dedicarse a la caza considerándola una imagen de la guerra, y durante las fiestas hacen en la plaza juegos a caballo o a pie, luego sigue la música.

Perdonan de buen ánimo a los enemigos, y después de la victoria los tratan bien. Si derriban muros enemigos o deliberan ajusticiar a sus jefes u otro castigo, lo hacen en el mismo día, luego los tratan bien y les dicen que no se debe hacer la guerra sino para hacer hombres mejores, no para suprimirlos. Si entre ellos surge una disputa por alguna ofensa u otra razón, ya que sus disputas sólo se generan por el honor, el Príncipe y sus oficiales castigan al culpable secretamente, si recurrió a injurias de inmediato, por la ira; si se trató de disputas sólo de palabras esperan que estalle una guerra para dirimir la contienda verbal, porque dicen que la ira hay que desahogarla sólo en contra de los enemigos. Y quien de estos, en guerra, cumple actas heroicas, se decreta que tenga razón en la disputa por el honor ganado y el otro cede. Pues, como en la justicia se castiga al culpable, y a dos contendientes se les prohíbe retarse en duelo[10], quien quiere mostrarse mejor del otro, lo demuestre en la guerra.

Hospitalario: Linda cosa, para no fomentar facciones que arruinan la patria y alejar las guerras civiles de donde nacen los tiranos, como sucedió en Roma y Atenas. Dime ahora, te ruego, de las artes.

Genoano: Ya te he dicho que es común a todos los artes militar, agrícola y el pastoreo; cada uno está obligado a conocerlas y estas son las más nobles para ellos; y quien más artes conoce, más es noble y quien demuestra ser más apto en una de ellas obtiene el derecho de ejercerla como maestro. Las artes más duras y útiles son las más consideradas, como el herrero, el albañil, y nadie se rehúsa en aceptarlas, además porque desde su nacimiento se vio cual era su inclinación, y porque, por la justa repartición de los trabajos, nadie viene a participar en actividades destructivas para el hombre, sino sólo conservativas. Las artes que son de menor trabajo son de las mujeres. Las

---

[10] Según Campanella el duelo debía ser prohibido porque el culpable, por su habilidad (y no por la justicia divina), podría resultar vencedor.

especulativas son de todos, y quien más sobresale en ellas se convierte en lector, y este cargo es más honrados que las mecánicas, y puede convertirse en sacerdote. Saber nadar es necesario para todos, para ello hay piscinas afuera de los muros de la ciudad, más allá de los fosos, hacia las cuales fluyen las aguas de los manantiales.

El comercio a ellos poco sirve, sin embargo, conocen el valor de las monedas, que usan para sus embajadores, para que puedan pagar la comida que no pueden llevarse; y hacen venir de todas las partes del mundo mercaderes para venderle las cosas que en la Ciudad son de sobra, pero no quieren dinero por ellas, sino otras mercaderías de las cuales carecen. Y ríen los niños cuando ven que los forasteros regalan tanta mercadería por poca plata, pero no así los ancianos: no quieren que esclavos y extranjeros corrompan la Ciudad con malas costumbres, pero sí venden a los presos de guerra o los ponen a cavar fosos profundos fuera de la Ciudad, donde siempre van cuatro escuadrones de soldados para vigilar sea el territorio que aquellos que trabajan; y salen de las cuatro puertas de las cuales se dividen tantas carreteras pavimentadas con ladrillos que llegan hasta la playa, para la comodidad sea de los transportes que de los forasteros. A estos se les ofrecen grandes atenciones, se les da comida por tres días, les lavan los pies, les acompañan de visita a la Ciudad, su orden, se les permite presenciar a las reuniones del Consejo y se les acompañan a la mensa. Y hay ciudadanos encargarlos de vigilarlos y si estos desean hacerse ciudadanos, los someten a una prueba de un mes en el campo y en la ciudad, y si superan la prueba los admiten en el curso de una ceremonia en la cual estos prestan juramento.

La agricultura es considerada de gran importancia: no hay palmo de tierra que no sea cultivado. Observan los vientos, las estrellas propicias, y todos salen al campo, listos para labrar, sembrar, cavar, cosechar, recoger, vendimiar, con músicas, trompetas y estandartes y todo lo hacen en poquísimas horas. Usan carros a vela, que caminan con el viento, y cuando no hay viento, un animal hala un gran carro, bella cosa es verlo, y suelen los guardianes del territorio ser armados, y por los campos van siempre vigilando. Usan poco el abono orgánico para los huertos y los campos, porque dicen que las semillas podrecen y tienen vida breve, como las mujeres maquilladas y no bellas por el ejercicio que generan una prole débil. Por esta razón, tampoco maquillan la tierra, sino bien que la ejercitan y mantienen secretas las técnicas que hacen germinar y multiplicar rápidamente sin perder la semilla. Y mantienen un registro escrito, que se llama Geórgica[11], sobre esta técnica. Una parte del territorio, cuanto basta, se labra; la otra sirve para pasto de los animales. Es considerada de gran estimación la cría de los caballos, bueyes, ovejas, perros y todo tipo de animales

---

[11] Las Geórgicas son un poema, uno de los más importantes, de Virgilio, cuya intención era glosar e informar sobre las labores agrícolas, pero, sobre todo, tejer una loa en favor de la vida rural.

domésticos, como fue en los tiempos de Abrahán; y con ceremonias mágicas les hacen aparear, para que puedan bien generar, exhibiéndoles caballos, bueyes u ovejas representados en lindas pinturas; y no los dejan ir juntos al pasto, los caballos con las yeguas, sino que al tiempo oportuno los aparean en las afueras de los establos en el campo. Observan Sagitario en ascendente en buen aspecto con Marte y Júpiter; para los bueyes Tauro, para las ovejas Aries, como de ley. Tienen además manadas de gallinas, gansos y añades bajo la protección de las Pléyadas, que vienen llevadas al pasto por las mujeres cerca de la ciudad, o donde ellas decidan, y cuando cae la noche vienen encerrados en los corrales, donde producen lácteos, quesos y mantecas. Cuidan también a los capones, a los castrados y a los frutos, y sobre este arte consultan a un libro titulado las Bucólicas[12]. Y tienen abundancia de toda cosa, porque cada uno desea ser el primero en aplicarse en el trabajo por ser acostumbrado a ello y, trabajando todos, se necesita producir poco por cada uno, con lo que la producción es fructuosa; y quien es jefe de ese ejercicio se llama Rey, afirmando que ese es su nombre, para quien no lo sepa. Gran cosa es que mujeres y hombres van siempre en escuadras, nunca solos, y siempre obedecen al jefe sin disgusto alguno, porque lo consideran como un padre o un hermano mayor. Existen

---

[12] Las Bucólicas (también conocidas como Églogas, "canto de pastores") son la primera de las grandes obras de Virgilio.

además montañas donde se ejercitan en la caza de los animales.

La marinería es muy considerada. Tienen barcos que aun sin viento y sin remos navegan; otros usan viento y remos. Conocen bien las estrellas, los flujos y reflujos del mar, y navegan para conocer otras tierras. A nadie hacen ofensa; y si no son provocados, no pelean. Dicen que un día el mundo entero vivirá como ellos, pero siempre tratan de saber si hay quien lleve una vida mejor de la suya. Tienen relaciones con los chinos, y con otros más pueblos isleños o del continente, del Siam, la Cochinchina y Calcuta, pero sólo para observarlos.

Tienen también grandes bodegas llenas de fuegos artificiales que usan para las guerras marinas y terrestres, y aplican estrategias, por lo que siempre quedan vencedores.

Hospitalario: ¿Y qué y cómo comen? ¿Y cuánto tiempo viven?

Genoano: Ellos dicen que primero que todo hay que tener en cuenta el interés de la colectividad, luego el del particular; por esta razón, cuando edificaron la ciudad, la orientaron según los cuatro puntos cardenales. El Sol en ascendiente en Leo, y Júpiter en Leo a oriente del Sol, Mercurio y Venus en Cáncer, pero cercanos, en conjunción; Marte en la novena casa en Aries, en feliz influencia respecto al ascendente y al trígono, la Luna en Tauro, que miraba de buen aspecto a Mercurio y Venus, y no en cuadrado con el Sol. Estaba entrando Saturno en la cuarta casa, sin oposición de Marte y Sol. La Fortuna con cabeza de Medusa estaba casi en la décima casa, por lo cual ellos esperaban señoría, firmeza y grandeza. Y Mercurio, estando en buen aspecto respecto a Venus y en trígono con su eje, iluminado por la Luna, no podía ser negativo; sino que, siendo jovial, no les exime conocimiento; poco cuidando de esperarle en Virgen y su conjunción.

Comen carne, mantecas, manzanas, quesos, dáctilos, y varias legumbres; en anterioridad no querían matar a los animales, pareciéndole esta una gran crueldad; pero después, considerando que era una crueldad matar a las hierbas, que igualmente son seres, y para no morir de hambre, juzgando que las cosas innobles están hechas para las nobles, ahora comen de todo. Sin embargo, no matan a los animales útiles, como los bueyes y los caballos. Pero han separado los alimentos útiles de los inútiles, según los beneficios que traen; una vez comen carne, otra pescado y otra legumbres, luego vuelven a comer carne y así alternando, para no cansar y afectar a la naturaleza. Los ancianos comen alimentos más digeribles, y comen poco, tres veces al día, los jóvenes cuatro, la comunidad dos.

Viven al menos cien años, la mayoría ciento setenta, doscientos rarísimo. Son muy parcos en tomar: el vino no se da a los niños hasta los diez y nueve años a no ser por razones graves de necesidad, y lo toman con agua, así mismo las mujeres; los ancianos de más de cincuenta años lo toman sin agua. Comen, según lo que ofrece la temporada del año, lo que es más adecuado y provechoso, según lo que viene provisto por el jefe médico, que cuida los alimentos. Usan mucho las especias: en la mañana, cuando se levantan, todos se peinan y se lavan con agua fresca; luego mascan mejorana, perejil o menta que se la frotan en las manos, mientras los ancianos usan el incienso; y rezan una breve oración dirigiéndose hacia oriente parecida al *Pater Noster*; cuando salen van a servir a los ancianos, algunos en coro, otros van a ordenar las cosas comunes; luego van a hacer ejercicio, descansan poco, sentados, y van a comer.

No sufren de gota, ni catarros, ni ciáticas, ni cólicos, ni flatulencias, porque estos disturbios surgen de la destilación y gordura, y con el ejercicio eliminan toda flatulencia y humores. Y consideran digno de vergüenza quien vaya escupiendo, diciendo que esta mala costumbre deriva del poco ejercicio o de la pereza o de la glotonería. Antes, sufren de inflamaciones y de espasmos secos a los cuales remedian con buena comida y baños; contra la tuberculosis usan baños tibios y lácteos, y permaneciendo en el campo practicando bellos ejercicios. Enfermedades venéreas no pueden afectar a los solares, porque se lavan a menudo los cuerpos con aceites aromáticos; y también el sudor se lleva ese vapor infecto que potrea la sangre y las médulas. Tampoco sufren de tisis, porque no hay destilación que baje a los pulmones, y mucho menos el asma, porque a causarla es el humor graso. Curan las fiebres fuertes con agua fresca, y las efímeras sólo con olores y caldos grasos o con el sueño o con músicas y alegrías; contra las terzanas con sanguijuelas y ruibarbo u otros atractivos, además con jarabes de raíces de hierbas purgantes y ácidas. Raramente usan purgantes. Las cuartanas son fáciles de sanar: usan asustar repentinamente al sujeto, o con hierbas similares al humor cuartano u opuestas; y para ello me enseñaron algunos milagrosos remedios secretos. Cuidan mucho las fiebres persistentes, y observan las estrellas, usan hierbas, y dirigen oraciones a Dios para sanarlas. Fiebres quintanas, octanas, eptanas hay pocas por no existir humores gruesos. Usan baños y oleos de antigua tradición, y guardan muchos más secretos para conservarse limpios, sanos y fuertes. Con estos y otros remedios tratan curarse del morbo sacro, la epilepsia, del que sufren con frecuencia.

Hospitalario: Característica de los grandes ingenios, de ella padecieron Hércules, Sócrates, Mahoma, Escoto y Calímaco.

Genoano: Ellos se curan con plegarias al cielo y con perfumes, para los dolores de cabeza usan relajantes, además usan ácidos, excitantes, caldos espesados con flor de harina. En sazonar las viandas no tienen quien les iguale: ponen nuez moscada, manzanas, manteca, bien saboreadas que te estimulan agradablemente. No toman bebidas heladas, como usan los napolitanos, pero tampoco hirviendo, como los chinos, porque no necesitan protegerse de los humores grasos en favor del calor interno, sino que lo alivian con ajo machacado y vinagre, serpol, menta, albahaca; esto en el verano o cuando estén cansados; ni en contra del demasiado calor cuando aumenta la sudoración, porque saben mantenerse en la regla. Conocen además un secreto para renovar la vida cada siete años, sin esforzarse, con bella arte.

Hospitalario: Todavía no me has dicho de las ciencias y de los oficiales.

Genoano: Si, ya te conté, pero, visto que eres tan curioso, te diré más. Cada luna nueva y cada oposición en plenilunio se reúne el Consejo, después del sacrificio; tienen acceso todos los mayores de veinte años, y se les pregunta qué le hace falta a la ciudad, y cuál oficial ha sido cumplido y quién no. Después de ocho días se reúnen todos los oficiales con el Sol, Pon, Sir y Mor; cada uno de ellos tiene bajo sus órdenes tres oficiales, que son trece, y cada uno de estos otros tres, que en total suman cuarenta; ellos cuidan los oficios de las artes que les son propias; el Poder, de la milicia; el Saber, de las ciencias; el Amor, de la alimentación, procreación, vestimenta y educación; y así los maestros de cada escuadrón, es decir los jefes de barrio, los decuriones, los centuriones, sea de las mujeres que de los hombres. Y se discute sobre las necesidades de los ciudadanos, y se eligen los oficiales nombrados por el Gran Consejo. Luego, cada día, se reúnen en Consejo el Sol con los tres Príncipes, y discuten de la ordinaria administración, se confirma o se modifica lo que se ha tratado durante las elecciones, y así en adelante. No usan recurrir al sorteo en las elecciones, a no ser que haya incertidumbre sobre cuál candidato escoger. Los oficiales se alternan según la voluntad del pueblo, menos los cuatro primeros; estos se alternan reuniéndose en consejo, y ceden el puesto a quien juzgan saber más que ellos y por tener un ingenio más sutil; y son tan buenos y dulces que gustosamente ceden a quien más sabe y aprenden de ellos; pero esto sucede muy raramente.

Los principales jefes de las ciencias están a las órdenes de Saber, menos que el Metafísico, que es el mismo Sol, que manda a todas las ciencias, como arquitecto, y quien considera vergonzoso ignorar alguna cosa que pertenezca al mundo humano. Bajo de él están el Gramático, el Lógico, el Físico, el Médico, el Político, el Económico, el Moral, el Astrónomo, el Astrólogo, el Geómetra, el Cosmógrafo, el Músico, el Perspectivo, el Aritmético, el Poeta, el Orador, el Pintor, el Escultor. Bajo el Amor están el Genitario, el Educador, el Vestuario, el Agrícola, el Armentario, el Pastor, el Sastre, el Gran Cocinero. Bajo el Poder están el Estratega, el Herrero, el Armero, el Platero, el Monetario, el Ingeniero, el Maestro espía, el Maestro jinete, el Gladiador, el Artillero, el Hondero, el Ajusticiador. Y cada uno de estos tiene a sus órdenes otros artesanos especializados.

Ahora, tienes que saber que cada uno es juzgado por el jefe de su arte; porque el jefe de un arte es a su vez juez, y castiga con el exilio, la fustigación, el deshonor, la privación de la mensa común, no admitir a la iglesia, no hablar a las mujeres. Cuando ocurre un hecho grave, el homicidio se castiga con la muerte, con el ojo por ojo, nariz por nariz, y así en pareja recíproca, cuando el acto es voluntario. Cuando se produce una riña se mitiga la sentencia, pero no por el juez, porque él debe condenar según la ley, sino por los tres Príncipes. Y se puede también apelar al Metafísico para obtener gracia, no justicia, y él puede otorgar la gracia.

No tienen cárceles, sino un torreón para algún rebelde enemigo. El proceso no viene verbalizado sino que, en presencia del juez y del Poder se declara el pro y el contra y de inmediato el juez emite su sentencia; luego se puede apelar al Poder y en el siguiente día se emite la sentencia; finalmente, se puede apelas al Sol, y en el tercer día se sentencia; el Sol puede conceder la gracia sólo después de muchos días, con el consentimiento del pueblo. Un condenado a muerte muere directamente por mano del pueblo; por esta razón no tienen verdugos, pues todo el pueblo lapida al condenado, o lo quema, permitiendo que el reo pueda elegir cómo morir para que la muerte sea rápida. Y todos lloran y ruegan a Dios, para que plaque su ira, doliéndose que se hayan vistos obligados a eliminar un miembro infecto del cuerpo de la república; y hacen de manera que el mismo condenado acepte la sentencia, y discuten con él hasta que éste, convencido, diga que la merece; pero cuando el reato es en contra de la libertad, o contra Dios, o contra los oficiales mayores, sin misericordia, se lo ejecuta de inmediato. Sólo a estos se los castiga con la muerte; y el que muere debe defenderse y declarar todas las razones por las cuales no debe morir, y confesar los pecados de los demás y de los oficiales, acusando a los que merecen lo peor; y si logra convencer a los jueces, viene desterrado y purgan la ciudad con oraciones, sacrificios y penitencias; pero no castigan a los nombrados.

Los errores por debilidad o ignorancia se castigan sólo con la deshonra y educándolo a contenerse y, en el arte en la que pecó, para que aprenda, se trata como si se discutiese de un miembro de otro arte.

Es de saber que si un pecador, sin esperar la acusación se auto denuncia a los oficiales pidiendo perdón, se le libera de la pena correspondiente al pecado oculto y el castigo se conmuta por otro, siempre cuando no haya acusación previa.

Se cuidan mucho de no calumniar a otra persona, para no sufrir la misma pena. Y, como casi siempre están acompañados, ocurren cinco testigos para convencer al juez, siempre que el acusado no se libere por medio de un juramento. Pero si, luego, viene acusado otras dos veces por dos o tres testigos, sufre el doble de la pena.

Las leyes son poquísimas. Todas grabadas, en una tabla de cobre, afuera de las puertas del templo, es decir en las columnas, en las cuales se encuentran también descritas todos los detalles de las cosas de este mundo: qué es Dios, qué es un ángel, qué es el mundo, una estrella, un hombre, etcétera, con gran sabiduría, y, de cada virtud su definición. Y los jueces de cada virtud tienen su asiento bajo esa columna, de tal manera que, cuando juzgan, pueden decir: "Aquí está, tu pecaste en contra de esta definición, lee"; y así luego lo condenan por ingratitud, por pereza o por ignorancia; y las condenas son como verdaderas medicinas, más que penas, y de gran suavidad.

Hospitalario: Ahora es necesario que me digas de los sacerdotes, de los sacrificios y sus creencias.

Genoano: El sumo sacerdote es el Sol; y todos los oficiales son sacerdotes, hablando de los jefes, y su oficio consiste en purgar las conciencias. De tal manera que todos se confiesan a ellos y aprenden las especies de pecados que existen. Los oficiales confiesan sus pecados a los tres Príncipes mayores, y les confiesan los propios así como los pecados ajenos, pero sin nombrar a los pecadores, luego, los tres se confiesan con el Sol. De esta manera el Sol conoce todos los tipos de errores que ocurren y provee a las necesidades de la ciudad; luego ofrece oraciones y un sacrificio a Dios a quien confiesa públicamente en el altar, todas las veces que sea necesario enmendarlos, sus pecados y los de todo el pueblo sin hacer nombre de alguno. Y así absuelve al pueblo, amonestando que cuiden de esos errores, confiesa los suyos en público, luego ofrece sacrificio a Dios, para que éste absuelva a toda la ciudad, la eduque y la defienda. El sacrificio se practica de la siguiente manera: se pregunta al pueblo quién se quiere sacrificar a favor de sus ciudadanos y así, siempre, uno de los más píos se ofrece en sacrificio. El sacerdote lo pone sobre una tabla sostenida por cuatro tirantes que están amarrados a cuatro poleas de la cúpula y, hechas la oraciones para que Dios acepte ese noble y voluntario sacrificio humano (y no de animales involuntarios, como hacen los Gentiles), ordena halar las cuerdas; de esta manera el sacrificado sube hasta la cúpula y allí se pone en oración; luego se le da de comer moderadamente, hasta cuando la ciudad esté purificada. La víctima, con oraciones y ayunas, ruega a Dios que acepte su voluntario sacrificio y así, luego de veinte o treinta días, placada la ira de Dios, desciende por afuera de la cúpula y se hace sacerdote; este voluntario será siempre honrado y amado, porque se ofreció para ser inmolado, pero Dios no quiso que muriera. Además hay una congregación de veinte y cuatro sacerdotes que ofician encima del templo; allá, a medianoche, a mediodía, en la mañana y en la noche cantan salmos a Dios; su labor consiste en la observación de las estrellas y medir, con los astrolabios, los movimientos y los efectos que producen, por tanto saben qué cambios se han producido en algún país y cuáles se producirán en futuro. Ellos establecen la hora de la procreación y los días aptos para la siembra y la cosecha, y son los intermediarios entre Dios y los hombres; y a través de ellos, generalmente, se nombran los Soles y se escriben los hechos importantes y se investigan las ciencias. Nunca bajan de la cima del templo, sino sólo para comer; con mujeres no se involucran, sino algunas veces como medicina para el cuerpo. Sol sube cada día donde ellos para conocer lo que han investigado y descubierto en beneficio de la ciudad y de las naciones del mundo entero. En el templo, abajo, debe haber siempre alguien que dirija oraciones a Dios; y cada hora viene sustituido, así como hacemos nosotros las Cuarenta Horas, y este rito se llama continuo sacrificio. Luego de la comida dan gracias a Dios y se cantan las gestas heroicas de los cristianos, de los hebreos, de los gentiles, y de todas las naciones, por alegría y gozo de todos. Se cantan himnos de amor, de sabiduría y virtud. Cada uno invita la mujer que más ama[13] y juntos bailan bajo los claustros, bellísimos. Las mujeres llevan el pelo largo, adornado, con un moño entrenzado encima de la cabeza. Los hombres usan una sola trenza, un velo y un capucho. En el campo usan sombreros, en casa capuchos blancos, rojos o variados, según el oficio o el arte que ejercen; los oficiales los tienen más grandes y elegantes.

Las principales fiestas son cuatro: cuando el Sol entra en Aries, en Cáncer, en Libra y en Capricornio; se realizan grandes y bellas representaciones; además se realizan otras fiestas en cada conjunción u oposición de Luna. E igualmente se conmemoran con músicas, cantos

---

[13] Extraña contradicción de Campanella: si él niega los valores de la familia, por ser orígen del egoismo, no debería admitir el amor entre un hombre y una mujer, que, por mayor razón, prevé la exclusividad que es, en términos sublimales, el egoismo perfecto.

femeninos, con trompetas, tambores y artillerías los días de la fundación de la ciudad y las victorias. Pero quién miente, aun alabando a alguien, viene castigado; no puede llamarse poeta quién miente aunque sea en favor de otro; y esta costumbre, dicen, es causa de la ruina del mundo, y quita valor a las virtudes cuando alaba a otro por miedo o por adulación.

No se erige una estatua a nadie, sino después de su muerte; mientras estando éste en vida, se inscribe en el libro de los héroes a quien ha hecho nuevos inventos o algún secreto de gran importancia, o hecho un gesto a favor de un compañero, en guerra, o a favor del público, en tiempos de paz. Los muertos no se entierran sino que se queman para alejar la peste y para que se conviertan en fuego, cosa tan noble y viva, que viene del sol y a él retorna, además para no ser sospechados de idolatría. De los grandes hombres se conservan sólo pinturas o estatuas, admiradas por las mujeres hermosas, en edad de procrear.

Las oraciones se dirigen hacia los cuatro pun tos cardenales, primero, en la mañana, hacia levante, luego hacia ponente, luego hacia el austro y, finalmente, hacia septentrión; la tarde es al revés, primero hacia ponente, luego a levante, pues a septentrión y, finalmente, hacia el austro. Rezan una sola oración a la vez, suplicando cuerpo sano y mente sana para ellos y para todas las gentes, además que beatitud, y concluyen: "...como a Dios plazca". La oración pública es más larga y se dirige al cielo; el altar es redondo y partido en cruz, en cuatro partes; el Sol entra después de cuatro homilías y reza mirando al cielo, manteniendo una mística reservada. Las vestes pontificales son de rara belleza y significado, parecidas a las de Aarón.

Dividen el tiempo según el año trópico, y no el sidéreo, pero siempre tienen nota de cuánto el uno anticipa al otro. Ellos creen que el sol caiga hacia la tierra, por esta razón, haciendo círculos siempre más estrechos llega a los trópicos y equinoccios más rápidamente que el año anterior; o al menos así parece, porque observándolo con el ojo, se lo ve hacia abajo y oblicuo, primero bajando y luego oblicuando[14]. Miden los meses con la luna y el año con el sol; pero no rectifican el desfase hasta que transcurran diez y nueve años, cuando la cabeza del dragón desaparece al horizonte, y de esto han hecho una nueva ciencia astronómica. Loan a Tolomeo y admiran a Copérnico, aunque antes de él fueron Aristarco[15] y Filolao[16]; pero dicen que el uno hacía la cuenta con las piedras, el

---

[14] En el emisferio norte, así como en el emisferio austral, el movimiento aparente del sol con el transcurrir de las estaciones, hace que aparezca como subir y bajar oblicuamente sobre el orizonte.

[15] Aristarco de Samos (310-230 a.C.), fue un astrónomo y matemático griego. Fue el primero que propuso el modelo heliocéntrico del Sistema Solar, colocando el Sol, y no la Tierra, en el centro del universo conocido.

[16] Filolao (470 – 380 a.C.) fue un filósofo pitagórico y matemático griego a quien se le atribuye la primera hipótesi de que la Tierra no era el centro del universo.

otro con las habas, pero ninguno de los dos adhiriendo a la realidad, y pagando al mundo con monedas de papel, no de oro. Sin embargo, estudian detenidamente la astronomía porque les interesa conocer el mundo, si terminará y cuando, y la composición de las estrellas y qué hay dentro de ellas. Y creen que es verdad lo que dijo Cristo sobre los signos de las estrellas, del sol y de la luna, signos que a los estúpidos no parecieron verdaderos, pero un día vendrá, como ladrón en la noche, el fin del mundo. Por lo cual esperan un apocalipsis del siglo, y quizá el final. Dicen que hay gran duda saber si el mundo se creó de la nada o de las ruinas de otros mundos o del caos; pero verisímilmente, antes, es cierto, fue creado. Son enemigos de Aristóteles, lo consideran pretencioso.

Honran, pero no adoran, al sol y a las estrellas que consideran cosas vivas y representación de Dios y de los tiempos celestes, pero más honran al sol. No adoran a ninguna creatura pagana, sino sólo a Dios, y a él sirven sólo bajo la insignia del sol, que es la imagen de Dios, de quien viene la luz, el calor y cada cosa. Y el altar es construido como un sol, y los sacerdotes dirigen oraciones a Dios en el sol y en las estrellas, como en altares, y en el cielo, como en el templo; e invocan a los ángeles buenos que están en las estrellas, sus casas, como intercesores, pues Dios mostró más sus bellezas en el cielo y en el sol, como su trofeo y estatua.

Niegan los excéntricos y los epiciclos de Tolomeo y Copérnico; afirman que existe un sólo cielo, y que los planetas por sí mismos se mueven y se levantan cuando al sol se acercan por la mayor luz que reciben; y bajan durante las cuadraturas y oposiciones por acercarse a él. Y la luna en conjunción y oposición se eleva para estar bajo el sol y recibir mucha luz que la sublima en estos sitios. Es por este motivo que las estrellas, aunque vayan siempre de levante hacia ponente, en subir parecen moverse hacia atrás; y se ven así porque el cielo de estrellas corre velozmente en las veinticuatro horas y ellas, cada día, se mueven más lentamente quedándose atrás; de tal manera que, desapareciendo del cielo, luego reaparecen. Y cuando se encuentran en oposición al sol, recorren un círculo más breve encontrándose por debajo de ello para tomar luz de él, por esta razón, siendo más veloces se adelantan de mucho; y cuando se mueven con la misma velocidad de las estrellas fijas, se llaman estacionarios; si son más veloces, retrógrados, como dicen los vulgares astrólogos; y cuando son más lentos, directos. Pero la luna, lentísima sea en conjunción que en oposición, no parece retroceder, sino sólo avanzar un poco, porque el cielo no es mucho más veloz que ella cuando recibe mucha luz, por arriba y por abajo, por tanto no parece ser retrógrada, sino sólo tarda o anticipa. Así resulta claro que ni los epiciclos, ni las excéntricas, son causa del aparente subir o retroceder de las estrellas. Es verdad que en algunas partes del mundo los astros simpatizan con las cosas sobrecelestiales, y por eso se detienen, por eso lo dicen alzar en excéntrico.

Des sol explican la causa física que en el hemisferio septentrional se levanta alto en el cielo, para calentar a la tierra, por lo cual ella tomó fuerza, mientras él surgió en la tarde cuando fue creado el mundo. De tal manera que hay que reconocer que en septiembre fue creado el mundo, como dijeron los hebreos y los caldeos antiguos, pero no los modernos; y así, levantándose para recuperar su fuerza, permanece más días en el hemisferio septentrional que en el austral, mientras parece subir excéntricamente.

Tienen dos principios físico: el sol padre y la tierra madre; el aire ser el cielo impuro, y el fuego venir del sol, el mar ser el sudor de la tierra licuada por el sol al juntar aire con tierra, como la sangre, espíritu, con el cuerpo humano; y el mundo ser como un grande animal y nosotros estar dentro de él, como las lombrices en nuestro cuerpo; pero nosotros pertenecemos a la providencia de Dios y no del mundo y de las estrellas, porque respecto a ellos, nosotros somos casuales; pero con respecto a Dios, de quien ellos son sólo instrumentos, nosotros somos provistos y predeterminados; pero a Dios sólo debemos la sumisión como al Señor, al Padre y todo.

Creen, como cosa cierta, en la inmortalidad del alma, que se acompaña, muriendo, con los espíritus buenos o malos, según el mérito. Pero los lugares donde se castigan o se premian no los tienen tan ciertos; creen que muy razonable es considerar sean el cielo y los lugares subterráneos. Son muy curiosos, además, de saber si estas penas o premios son eternos o no. Además están seguros que existan ángeles buenos y malos, como ocurre entre los hombres, pero para saber qué será de ellos esperan una señal del cielo. Tienen la duda si existen otros mundos fuera de este, pero piensan que se de locos decir que no exista nada, porque la nada no existe ni adentro ni afuera de este mundo, y Dios, infinito ente, no lleva en sí la nada.

Tienen principios metafísicos sobre lo que concierne el Ente supremo, que es Dios, y la nada, que es la ausencia del ser, como condición de que de la nada se hace: porque no se haría si fuera, por tanto no era lo que se hace. De la propensión a la nada nace el mal y el pecado; pero el pecador se dice que de esta manera se aniquila, con lo que el pecado tiene causa deficiente, no eficiente. La deficiencia es lo mismo que falta, es decir falta de poder, o de saber, o de querer, y en éste último aspecto ponen el pecado. Porque quien puede y sabe obrar para el bien, debe querer, porque la voluntad nace de ellos, pero no en contra de ellos. Ahora te sorprenderás que ellos adoren a Dios como Trinidad, diciendo que ella es sumo Poder, delo que deriva suma Sabiduría, y de ambos, sumo Amor. Pero, como no conocieron la revelación, no conocen de la Trinidad las tres personas distintas y denominadas como nosotros usamos, pero saben que en Dios hay procedencia y relación de sí mismo a sí mismo; de tal manera que creen que en todas las cosas hay poder, sapiencia y amor, en cuanto ser; de impotencia, insipiencia y desamor en cuanto dependen del no ser. Y, por las primeras, merecen, por las segundas, pecan, o per pecado de naturaleza en los primeros, de arte en todos tres. Es así que la naturaleza individual peca en hacer monstruos de impotencia o ignorancia. Pero todas estas cosas son conocidas por Dios omnipotente, sapiente y óptimo, por lo cual, en Él, ninguna entidad peca fuera de Él, sí; pero no se desvía de Él sino por nuestra causa, no por Él, porque en nosotros hay deficiencia, en Él la eficiencia. Po lo cual, concluyendo, el pecar es acto de Dios, pero no en cuanto el pecado es ser y eficiencia; sino en cuanto carece de ser y eficiencia; es exactamente en esta sutileza que consiste la esencia del pecar que reside en nosotros, que propendemos al no ser y al desorden.

Hospitalario: ¡Oh, cómo son inteligentes!

Genoano: Si lo hubiese tenido en mente, y no tuviese apuro y miedo, te inundaría de grandes cosas, pero pierdo la nave si no me voy.

Hospitalario: ¡Por fe tuya! Dime sólo esto: ¿qué dicen del pecado de Adán?

Genoano: Ellos reconocen que en el mundo hay mucha corrupción, y que los hombres se portan locamente, sin criterio; y que los buenos sufren mientras los malos gozan; aunque este gozo viene considerado infeliz, porque es anularse el mostrarse como no son, es decir ser reyes, ser buenos, ser sabios, que, en verdad, significa no ser. Sostienen, entonces, que hubo un gran revuelo en las cosas humanas, y casi dicen, como Platón, que el cielo en origen volteaba desde occidente, donde ahora es oriente, para después cambiar. Dijeron también que quizá en esos tiempos gobernaba una Virtud inferior, con el permiso de la suprema, pero este razonamiento, sostienen, sería una locura. Pero mayor locura sería decir que antes gobernó bien Saturno, luego Júpiter, y finalmente los otros planetas; pero reconocen que las edades del mundo se suceden según el orden de los planetas y que los ejes del mundo varían cada mil o mil seis cientos años. Y esta nuestra edad parece que sea la de Mercurio, aunque las grandes conjunciones la perturban y las anomalías resultantes tienen una fuerza fatal.

Finalmente, dicen que el cristiano está feliz, porque se contenta creer que tal cataclismo haya ocurrido por el pecado de Adán, y creen que el mal corre de los padres a los hijos más por la pena que por la culpa. Pero de los hijos la culpa vuelve a los padres, porque descuidaron la procreación, involucrándose en ella fuera de tiempo y de lugar, estando en el pecado y sin voluntad de los genitores, y descuidaron también la educación, porque mal educaron a los hijos. Por esta razón ellos cuidan mucho estos dos puntos, la procreación y la educación; y dicen que la pena y la culpa de los padres como de los hijos se revierte en contra de la ciudad; pero, como esas culpas y penas no se distinguen bien con anticipación, parece que el mundo sea regido por el caso. Pero quien sirve a la construcción del mundo, la anatomía del hombre (como ellos hacen con los condenados a muerte: anatomizándolos), de los animales y de las plantas, y el uso de sus partes y partículas, debe reconocer en todo esto la providencia de Dios en alta voz. Por lo mismo el hombre debe dedicarse completamente a la verdadera religión y honrar su autor; y esto no puede hacerlo bien quien no investiga sus obras y no se dedica a bien filosofar, y quien no observa las leyes sagradas: "No hagas a los demás lo que no quieres que se haga a ti, y lo que quieres para ti haz tu lo mismo". De lo que sigue que si nosotros deseamos el respeto de nuestros hijos y de nuestros vecinos, cuando a ellos poco damos, mucho más deberíamos a Dios, de quien todo recibimos, en todo somos y por todo debemos. Siempre sea loado.

Hospitalario: Si estos, que siguen las leyes de la naturaleza, están tan cerca del cristianismo que nada agrega a las leyes naturales, aparte los sacramentos, llego a la conclusión que la verdadera ley es la cristiana y que, aparte los abusos, será dominadora del mundo. Pues los españoles descubrieron el resto del mundo, por medio del primer descubridor que fue vuestro Colón, genoano, para unirlo todo bajo una única ley; y estos filósofos serán testigos de la verdad, elegidos por Dios. Y veo que nosotros no sabemos lo que hacemos, porque somos instrumentos de Dios. Algunos van por la codicia del dinero buscando nuevos países, pero Dios mira hacia un más noble fin. El sol trata de destruir la tierra, eliminando plantas y hombres, mas Dios se sirve de ellos en su proyecto. Sea laudado.

Genoano: ¡Oh! ¡Si tú supieras qué dicen, por la astrología[17] y por los mismos nuestros profetas y los de otras gentes, sobre este nuestro siglo que tiene más historia en estos últimos cien años, que en los últimos cinco mil! Y más libros se publicaron en estos cien que en cinco mil; y e la invención del imán, de la imprenta, de los arcabuces, grandes evidencias de la unión de todo el mundo; y cómo, estando en trígono con Mercurio, en el momento que las grandes conjunciones se producían en Cáncer, se produjeron estos inventos por obra de Luna y Marte, que en ese signo son propicios para nuevas navegaciones, nuevos reinos y nuevas armas. Pero, entrando el ábside de Saturno en Capricornio, y el de Mercurio en Sagitario, y el de Marte en Virgo, y las conjunciones volviendo a los primeros trígonos, luego de la aparición de la cometa en Casiopea, se constituirá la nueva gran monarquía, nuevas leyes y nuevos artes, profetas y renovación. Y dicen que todo esto levará a los cristianos grandes beneficios; pero primero se destruye y se limpia, luego se siembra y se edifica.

Ahora perdóname, tengo cosas que hacer.

Sepas sólo esto: han descubierto cómo volar, la única cosa que todavía le faltaba al mundo, y esperan finalmente se inventen unos anteojos para ver las estrellas

---

[17] Es difícil para Campanella, recién condenado a cadena perpetua, solitario habitante de su oscura celda, resistir a la quimera de las predicciones.

y un auricular para escuchar la armonía de los
movimientos de los planetas.

Hospitalario: ¡Oh! ¡Oh¡ ¡Me gusta! Pero Cáncer es el
signo femenino de Virgo y de Luna, y ¿qué puede hacer de
bueno?

Genoano: Ellos dicen que la hembra lleva la
fecundidad de las cosas al cielo, y es virtud no menos
gallarda respecto a nosotros que pretendemos mandar.
Por eso se vio en este siglo algunas mujeres reinando,
como las Amazonas en la Nubia y el Monopotapa, y, en
Europa, la Roja en Turquía, la Bona en Polonia, María en
Hungría, Isabel en Inglaterra, Catalina en Francia,
Margarita en Flandes, la Blanca en Toscana, María en
Escocia, Camila en Roma, e Isabel en España
descubridora del Nuevo Mundo. Y el poeta de este siglo
comenzó con las mujeres, diciendo: *"Las damas, los
caballeros, las armas y los amores..."*[18]. Y todos los poetas
de hoy son mal habladores por culpa de Marte; y por
Venus y la Luna hablan de cosas obscenas y putismo.
Mientras los hombres se afeminan y se llaman "Vuestra
Señoría"; y en África, donde reina Cáncer, además que las
Amazonas, hay en Fez, en Moroco, burdeles de
afeminados y mil otras porquerías.

---

[18] Es el Proemio del *Orlando furioso* de Ludovico Ariosto
(1474-1533). Con él el renacimiento italiano llegó a su cénit en el
campo de las letras.

No restó, por ser el trópico signo del Cáncer, energías a Júpiter, en trígono con Sol y Marte, así como por Luna, Marte y Venus, para que se hicieran nuevos inventos en el mundo y la estupenda manera de dar la vuelta a toda la tierra y el imperio matriarcal y, gracias a Mercurio y Júpiter, en invento de la imprenta y de los arcabuces, además que provocar una profunda renovación en la promulgaciones de las leyes. Pues en el nuevo mundo y en todas las costas de África y Asia australes ha entrado el cristianismo gracias a Júpiter y Sol, y en África la ley de Serifo gracias a la Luna, y en Persia la ley de Alle, renovada por Sofi, gracias a Marte, para convertirse en imperio en todas esas regiones y en Tartaria. Pero en Alemania, Francia e Inglaterra entró la herejía por ser ellas regidas por Marte y Luna; mientras que en España por Júpiter y en Italia por el Sol, a los que están sometidas, además que por Sagitario y Leo, sus signos, quedan en la belleza de la ley cristiana pura. Y cuántas cosas ocurrirán desde ahora en adelante y cuánto he aprendido de estos sabios sobre la variación le los ejes de los planetas y sobre las elípticas y los solsticios, los equinoccios, sobre las oblicuidades, los polos variados y las confusas figuras del espacio inmenso; además, de la relación que existe entre las cosas de nuestra tierra con las de fuera de nuestro mundo; y qué mudamiento ocurrirá luego de la gran conjunción en Aries y Libra, signos equinocciales; con la recrudescencias de las anomalías naturales, ¡ocurrirán cosas estupendas que confirmarán el decreto de la conjunción magna, el mudamiento y la renovación de todo el mundo!

Mas, por tu fe, no retenerme más, tengo cosas que hacer, sabes el apuro que tengo. Otra vez te contaré más.

Sólo esto ahora sepas, que ellos ejercen plenamente el propio libre arbitrio. Y dicen que, si en cuarenta horas de tortura un hombre no confiesa lo que resolvió ocultar, tampoco las estrellas, que parecen débiles y lejanas, pueden obligarlo a decir. Pero, como las estrellas influyen suavemente sobre los sentidos, quien sigue más los sentidos que la razón se encuentra sometido a ellas. Por lo cual, la constelación que del cadáver de Lutero sacó vapores infectos, de nuestro Jesuitas antepasados sacó emanaciones de virtud, así como de Hernán Cortes, que difundió el cristianismo en México en el mismo tiempo.

Pero de lo que pronto ocurrirá en el mundo, te lo diré en otra oportunidad.

La herejía es obra sensual, como dice San Pablo, y en las personas sensuales las estrellas influyen hacia aquella; en las personas racionales hacia la verdadera ley santa de la Razón primera, que siempre sea laudada. Amén.

Hospitalario: ¡Espera, espera!

Genoano: ¡No puedo, no puedo...!

FIN

Esta edición se terminó de imprimir,
Con tecnología digital
En el mes de enero del 2017

EDITORIALJG

www.ingramcontent.com/pod-product-compliance
Lightning Source LLC
Chambersburg PA
CBHW062058280526
45788CB00003B/1271